国家出版基金项目
NATIONAL PUBLICATION FOUNDATION

"十四五"国家重点图书出版规划项目

中国语言文化典藏系列　组委会

主　任

田学军

执行主任

田立新

成　员

宋　全　杨　芳　刘　利　郭广生　顾　青

张浩明　周晓梅　刘　宏　王　锋　余桂林

中国语言资源保护工程

中国语言文化典藏系列　编委会

主　编

曹志耘　王莉宁　李锦芳

委员（音序）

郭　浩　何　瑛　黄成龙　黄拾全　李云兵

刘晓海　苗东霞　沈丹萍　王　锋　严修鸿

杨慧君　周国炎　朱俊玄

曹志耘 王莉宁 李锦芳 主编

中国语言文化典藏·乐业

吕嵩崧 李国俊
滕 韧 郑敬文 著

商务印书馆
SINCE 1897
The Commercial Press

随着现代化、城镇化的快速发展，我国的语言方言正在迅速发生变化，而与地域文化相关的语言方言现象可能是其中变化最剧烈的一部分。也许我们还会用方言说"你、我、他"，但已无法说出婚丧嫁娶各个环节的方言名称了。也许我们还会用方言数数，但已说不全"一腩穷，两腩富……"这几句俗语了。至于那些世代相传的山歌、引人入胜的民间故事，更是早已从人们的生活中销声匿迹。而它们无疑是语言方言的重要成分，更是地域文化的精华。遗憾的是，长期以来，我们习惯于拿着字表、词表去调查方言，习惯于编同音字汇、编方言词典，而那些丰富生动的方言文化现象往往被忽略了。

2017年，中共中央办公厅、国务院办公厅《关于实施中华优秀传统文化传承发展工程的意见》首次提出"保护传承方言文化"。2020年，国务院办公厅《关于全面加强新时代语言文字工作的意见》明确提出"科学保护方言和少数民族语言文字"。语言方言及其文化的保护传承写进党和政府的重要文件，具有重要的历史意义。党中央、国务院的号召无疑是今后一个时期内，我国语言文字工作领域和语言学界、方言学界的重要使命，需要我们严肃对待，认真落实。

中国语言资源保护工程于2015年启动，已于2019年顺利完成第一期建设任务。针对我国传统语言方言文化现象快速消失的严峻形势，语保工程专门设了102个语言文化调查点（包括25个少数民族语言文化点和77个汉语方言文化点），按照统一规范对语言方言文化现象开展实地调查和音像摄录工作。

为了顺利开展这项工作，我们专门编写出版了《中国方言文化典藏调查手册》（商务印书馆，2015年）。手册制定了调查、语料整理、图册编写、音像加工、资料提交各个阶段的工作规范；并编写了专用调查表，具体分为9个大类：房屋建筑、日常用具、服饰、饮食、农工百艺、日常活动、婚育丧葬、节日、说唱表演，共800多个调查条目。

调查方法采用文字和音标记录、录音、摄像、照相等多种手段。除了传统的记音方法以外，还采用先进的录音设备和录音软件，对所有调查条目的说法进行录音。采用高清摄像机，与录音同步进行摄像；此外，对部分语言方言文化现象本身（例如婚礼、丧礼、春节、元宵节、民歌、曲艺、戏剧等）进行摄像。采用高像素专业相机，对所有调查条目的实物或活动进行拍照。

这项开创性的调查工作获得了大量前所未有的第一手材料。为了更好地保存利用这批珍贵材料，推出语保工程标志性成果，在教育部语言文字信息管理司的领导下，在商务印书馆的鼎力支持下，在各位作者、编委、主编、编辑和设计人员的共同努力下，我们组织编写了《中国语言文化典藏》系列丛书。经过多年的努力，现已完成50卷典藏书稿，其中少数民族语言文化典藏13卷，汉语方言文化典藏37卷。丛书以调查点为单位，以调查条目为纲，收录语言方言文化图片及其名称、读音、解说，以图带文，一图一文，图文并茂，EP同步。每卷收图600幅左右。

我们所说的"方言文化"是指用特殊方言形式表达的具有地方特色的文化现象，包括地方名物、民俗活动、口彩禁忌、俗语谚语、民间文艺等。"方言文化"是一个新的研究领域，需使用的调查、整理、加工方法对于我们当中很多人来说都是陌生的，要编写的图册亦无先例可循。这项工作的挑战性可想而知。

在此，我要向每一个课题的负责人和所有成员道一声感谢。为了完成调查工作，大家不畏赤日之炎、寒风之凛，肩负各种器材，奔走于城乡郊野、大街小巷，记录即将消逝的乡音，捡拾散落的文化碎片。有时为了寻找一个旧凉亭，翻山越岭几十里路；有时为了拍摄丧葬场面，与送葬亲友一同跪拜；有人因山路湿滑而摔断肋骨，住院数月；有人因贵重设备被盗而失声痛哭……在面临各种困难的情况下，大家能够为了一个共同的使命，放下个人手头的事情，不辞辛劳，不计报酬，去做一项公益性的事业，不能不让人为之感动。

然而，眼前的道路依然崎岖而漫长。传统语言方言文化现象正在大面积地快速消逝，我们在和时间赛跑，而结果必然是时间获胜。但这不是放弃的理由。著名人类学家弗雷泽说过："一切理论都是暂时的，唯有事实的总汇才具有永久的价值。"谨与大家共勉。

曹志耘

2022 年 4 月 13 日

3

目录

一　乐业

　　乐业县位于广西壮族自治区西北部，县境地理坐标在东经106°10′—106°51′，北纬24°30′—25°03′之间。地处黔桂两省三市（州）七县结合部，东临广西河池市天峨、凤山两县，南依广西百色市凌云县，西南与百色市田林县接壤，西北与贵州省册亨、望谟、罗甸三县隔红水河相望，平均海拔1128米，县城海拔970米。乐业属于南方典型的喀斯特岩溶群地区，是大石围天坑群景区所在县，已经发现的天坑有28个，被誉为"世界天坑之都"和"世界天坑博物馆"。乐业是重庆、贵阳经国家一级口岸龙邦口岸，通往东盟国家最为便捷的通道之一，全县总面积2633.17平方公里，其中土山面积占70%，石山面积占30%。全县有耕地面积37.61万亩，占总面积的9.53%；林地274.07万亩，占总面积的69.39%，森林覆盖率达75.62%。境内有荒山荒地97.14万亩，占总面积的24.59%。辖同乐、甘田、花坪、新化4镇，逻沙、逻西、幼平、雅长4乡，有84个村、4个社区、1141个村民小组，1737个自然屯，17.99万人。

　　乐业县境，春秋时大部属夜郎国。秦代属象郡。汉初，属南越国地。汉元鼎五年（公元前112年），县境属交州郁林郡、益州牂柯且兰县地。三国时代，县境属吴国的广州郁林郡地。

晋朝，属广州晋兴郡。隋朝，属扬州郁林郡地。唐初，属岭南道羁縻双城州地。开元二十一年（733年）后，属岭南西道邕管羁縻黔州道黔州地，半为溪峒。五代时，先属楚，后并入黔州属后蜀。宋初，属广南西路的来安路、磄峒。皇祐五年（1053年）后，属广南西路邕州都督府、右江道横山寨。元朝，属广西道田州路泗城土州。明朝，属广西布政司泗城土州、庆远府程县。清初，属广西行省泗城土州。顺治十五年（1658年），升州为土府。顺治十八年（1661年），改为军民府，属思恩府。雍正五年（1727年），经改土归流，直隶右江道。乾隆五年（1740年）置凌云县，属泗城府。乾隆九年（1744年），泗城府改隶左江道。民国元年（1912年），撤销府治之凌云县，直属泗城府。民国二年（1913年），撤销泗城府，易为凌云县公署。民国十九年（1930年），改称凌云县政府。民国二年至民国二十三年（1913—1934年），属广西省田南道。民国二十四年（1935年）1月，从凌云县分出，设乐业县。同年，属百色行政监督区，区治百色。民国三十一年（1942年）3月，属广西第五行政督察区，区治百色。中华人民共和国成立后，初期仍置乐业县。1951年8月，与凌云并为凌乐县。1958年3月后，属广西壮族自治区百色地区专员公署。1961年8月，凌乐分县，复置乐业县至今。

二 乐业方言

（一）概述

本书记录的是居住在乐业县的"高山汉"的语言与文化。

"高山汉"是广西百色、河池部分地方居民对居住在广西、云南、贵州三省区交界地区广西一侧部分汉族居民的称呼，因其居住于高寒石山地区而得名。"高山汉"本为当地少数民族对这些汉族居民的称呼，后渐为这一族群所接受。据研究显示，自明末开始，一部分汉族人从川、渝、湘、赣、鄂、滇、黔等地迁徙而来，散居在广西西部的大山中，逐渐形成区别于广西其他汉族的一个生活、文化风格独特的族群。

"高山汉"主要分布在广西百色市的乐业、凌云、田林、隆林、西林、那坡、田阳等县，在河池市的凤山、天峨、南丹、巴马、东兰、都安、大化、金城江也有少量分布，因而形成了星罗棋布的"高山汉话"方言岛。他们使用的方言属西南官话，在百色一带一般自称"汉话"，也称"湖广话"，田阳一带还有称"贵州话"的，河池一带有称"汉话""湖广话""客话"的。本书所记录的"乐业方言"，目前学界多称为"高山汉话"，本书也采用这一称呼。

在"高山汉"迁入之前，乐业就有汉语方言分布，主要为充当族际交际语的西南官话，这种方言与柳州话接近，分尖团，当地人称之为"桂柳话"。乐业也有少数民族语言。据统计，乐业汉族人口占48%，壮族占50%，瑶、苗、布依等其他民族占2%。壮族主要操壮语；背陇瑶_{该瑶族支系居住在崇山峻岭，肩挑不便，妇女用背篓背东西，男子则常肩背用竹篾密织而成的竹笼，因而得名}操属苗瑶语族苗语支的布努语，蓝靛瑶_{该瑶族支系种植马蓝制作蓝靛，因而得名}操属勉金方言金门土语的勉语；苗族操苗语。壮语和其他汉语方言对"高山汉话"产生了一定影响，这些影响在语音、词汇和语法上都有所体现。

旧时当地"高山汉"从电影里听到了普通话，遂称普通话为"电影话"。随着文化教育的普及，大众传媒的影响，交通条件的改善，以及经济的发展，"高山汉话"的使用范围已经大为缩小。现在，青少年的普通话水平很高，即使在村里、家里也常常说普通话。从发展与传承的角度来看，"高山汉话"的前景令人担忧。

（二）声韵调

下面关于声韵调的描写以同乐镇六为村方言为准。

1. 声母 20 个，包括零声母在内

p 班补病八	pʰ 爬普骗拍	m 明马暮麦	f 飞粉副乏	
t 丁打豆毒	tʰ 糖土替特			l 蓝脑怒鹿
ts 资早粽作	tsʰ 存草刺册		s 丝伞算俗	
tʃ 张主见绝	tʃʰ 全巧创尺	ȵ 泥牛女酿	ʃ 狮水现雪	ʒ 如软让肉
k 高管共谷	kʰ 葵砍课酷	ŋ 熬藕案压	x 河火汗忽	
ø 王野问月				

说明：

① [l] 有 [n] 的自由变体。

② 鼻音带塞音色彩，如：[l] 可读 [nd]，[ŋ] 可读 [ŋg]。

③ [tʃ] 可与舌尖后元音 [ʅ] 和舌面元音 [i] 相拼，如：纸 [tʃʅ⁵³]、机 [tʃi³⁵]。

2. 韵母 37 个

ʅ 时指试尺

ʅ 师紫刺直	i 低米戏七	u 苏苦住六	yi 徐雨去局
a 茶洒大辣	ia 牙哑下恰	ua 夸瓦话刷	
ɛ 妾热黑白	iɛ 揭也谢叶		yɛ 雪国月缺
ə 而耳二则			
o 歌盒末桌	io 药学鹊角	uo 窝所糯脱	
ai 鞋排改赖		uai 歪拐块蟀	
əi 悲赔美费		uəi 垂水对贵	
au 饶讨豹到	iau 飘条小叫		
əu 头走某后	iəu 秋九绣舅		
ã 山南砍暗	iɛ̃ 艰贤浅面	uã 穿环碗乱	yɛ̃ 渊悬卷劝
ən 深陈等硬	in 心勤影另	uən 春横滚问	yn 军裙允训
aŋ 张唐朗放	iaŋ 香墙讲两	uaŋ 荒王闯撞	
ɐŋ □ [mɐŋ³⁵] 米饭			
oŋ 忠宏垄控	ioŋ 兄穷窘用		

说明:
①[u] 实际音值为 [ʊ],但发音略松。
②[yɛ] 实际音值为 [uɛ],有时也发为 [uə]。
③语流中,[yi] 的韵尾 [i] 不明显。
④[au]、[iau] 的实际音值是 [ɑu]、[iɑu]。

3. 单字调 4 个

阴平	[35]	安棵争抄居妃宣军
阳平	[31]	铜灵麻船油谷拍穴
上声	[53]	懂丑狠也柄统捕屡
去声	[213]	动诱蘸去树卖者兔

（三）两字组连读调

乐业"高山汉话"两字组语音变调的主要规律见表1。

表 1 乐业"高山汉话"两字组连调表

前字＼后字	阴平 35	阳平 31	上声 53	去声 213
阴平 35	35 35 35 55 山 边	35 31	35 53	35 213
阳平 31	31 35	31 31	31 53	31 213
上声 53	53 35 53 33 手 圈	53 31	53 53	53 213
去声 213	213 35 21 35 后 生			213 213 21 213 弄 菜

说明:

①阴平＋阴平，如为动宾结构，一般不变调，如：捞浆 [lau³⁵tʃiaŋ³⁵]。

②阴平位于三字组的词末时，可读为 [33] 调，如：旱烟杆 [xã²¹iɛ̃³⁵kã³³]、清明粑 [tʃʰin³⁵min³¹pa³³]、打亮樻 [ta⁵³liaŋ²¹³kau³³]。

三 凡例

（一）记音依据

本书方言记音以乐业县同乐镇六为村老年人的方言为准。主要发音人周长轮，乐业县同乐镇六为村杨柳一组村民，1958 年 4 月生。

（二）图片来源

本书收录乐业方言文化图片近 600 幅。这些图片均为 2016 年 3 月至 2018 年 3 月在同乐、逻沙、花坪、长朝、龙平等乡镇、村屯拍摄。滕韧、李国俊为图片主要拍摄者，仅 "0-1 ◆ 大石围天坑" 为李金龙拍摄。

（三）内容分类

本书所收乐业方言文化条目按内容分为 9 大类 34 小类：

（1）房屋建筑：住宅、其他建筑、建筑活动

（2）日常用具：炊具、卧具、桌椅板凳、其他用具

（3）服饰：衣裤、鞋帽、首饰等

（4）饮食：主食、副食、菜肴

（5）农工百艺：农事、农具、手工艺、商业、其他行业

（6）日常活动：起居、娱乐、信奉

（7）婚育丧葬：婚事、生育、丧葬

（8）节日：春节、元宵节、清明节、端午节、七月半

（9）说唱表演：口彩禁忌、俗语谚语、歌谣、曲艺戏剧、故事

如果某个条目可归入多个大类，则归入特殊的类目。例如"门神"可归日常活动、节日，本书归节日。

（四）体例

（1）每个大类开头先用一段短文对本类方言文化现象做一个概括性的介绍。

（2）除"说唱表演"外，每个条目均包括图片、方言词条、解释性文案三部分。

（3）各图单独、连续编号，例如"1-4"，短横前面的数字表示大类，短横后面的数字表示图片在该大类内部的排列顺序。图号后面注拍摄地点。图号和地名之间用"◆"隔开，例如"1-25◆长朝"。

（4）图下写该图的方言词及其国际音标，例如：瓦房 [ua^{53}faŋ^{31}]。

（5）文案中出现的方言词用引号标出，并在一节里首次出现时注国际音标，对方言词的注释用小字随文夹注；在一节里除首次，其他场合只加引号，不再注音释义。为便于阅读，一些跟普通话相同或相近的方言词，在同一节里除首次出现时外，不再加引号。

（6）同音字在字的右上角加等号"="表示，例如：糖嘎$^=$ [tʰaŋ^{31}ka^{53}]甜猪肉。有音无字或本字不明的音节用方框"□"表示，例如：□ [meŋ^{35}]米饭。

（7）方言词记实际读音，如有变调等现象，一律按连读音记，例如：鸡窠 [tɕi^{35}kʰo^{55}]（"窠"单字音 [kʰo^{35}]）。主要音变规律可参看本书"引言 二 乐业方言"。

（8）词条中的多音字有：檐，分别读 [iɛ^{31}]～柱，[yɛ^{31}]翘～，[iaŋ^{31}]阶～坝；圈，分别读 [tɕiɛ^{213}]牛～，[tʃyɛ^{213}]猪～，[tʃʰyɛ^{35}]粑～；溜，分别读 [sau^{213}]～桶，[ʃau^{213}]猪～瓢瓜；朝，分别读 [tʃʰau^{31}]～鞋，[tʃau^{35}]打三～。

（9）文中的多义词，用以下方式进行区分：门包（之一） [mən^{31}pau^{35}]，门包（之二） [mən^{31}pau^{35}]。

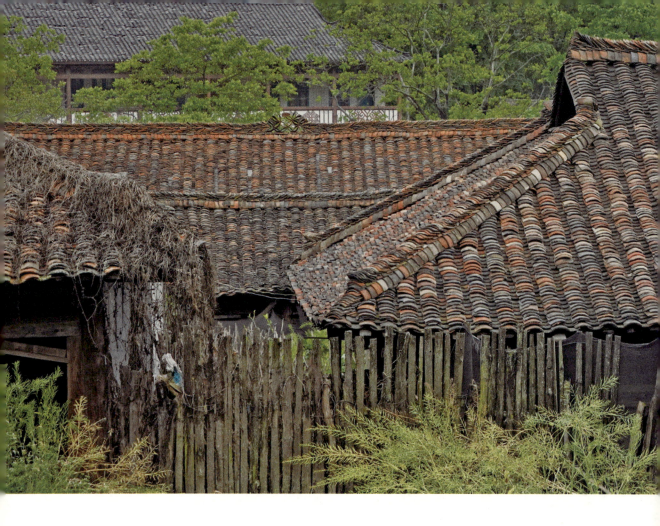

　　"高山汉"自明末迁到乐业，便散居在高寒石山地区。传统建筑一般只有普通民居及其附属建筑物。

　　高寒石山缺水，且平坦土地难寻，因此"高山汉"传统民居的结构、原料等颇有特色。原料上，多采用木材、瓦、石头。木材以松木为主，石头一般用来垒基、垫支房柱。房屋多以木头搭架，木板为墙。结构上，房屋一般为两层，下层用于生活居住；正房除"堂屋"[tʰau³¹u³¹]外，其上均有阁楼，主要用于存放粮食。墙壁不上漆，取木板本色，整体风格古朴庄重。根据功能和规格，柱子可分为主柱和"瓜柱"[kua³⁵tʃu²¹³]。主柱和"瓜柱"统称为"头"，如根据柱子数量，房子的类型有"三柱房"[sã³⁵tʃu²¹³faŋ³¹]或"三个头"[sã³⁵ko²¹³tʰəu³¹]只有三根主柱，没有"瓜柱"、"五个头"[u⁵³ko²¹³tʰəu³¹]有三根主柱，两根"瓜柱"、"七个头"[tʃʰi³¹ko²¹³tʰəu³¹]有五根主柱，两根"瓜柱"、"九个头"[tʃiəu⁵³ko²¹³tʰəu³¹]有三根主柱，六根"瓜柱"、"十三个头"[ʃ̩³¹sã³⁵ko²¹³tʰəu³¹]有五根主柱，八根"瓜柱"等。柱子数量与房子大小成正比，柱子多则房子大，柱子少则房子较小。个别富裕人家还在房子两侧加建作为卧室

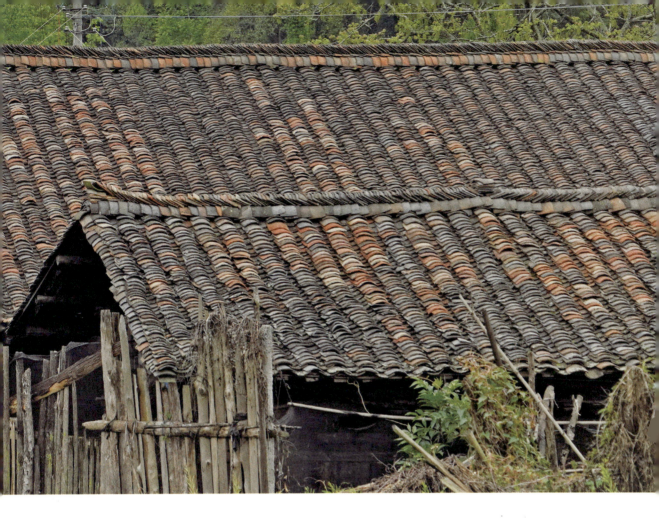

的房屋，与正屋相连，形成三面合围的布局，称为"三合院"[sã³⁵xo³¹yɛ̃²¹³]。也有因地势建成"吊脚楼"[tiau²¹³tʃio³¹ləu³¹]的，底层用于蓄养牲畜，中层住人，上层存放粮食。家庭富裕、儿孙多、家族观念较强且喜欢集中居住的，则将房子建长至十三间，称为"长五间"[tʃʰaŋ³¹u⁵³kã³⁵]。"高山汉"的房屋依山而建，绿树掩映，错落有致；房前一般有"园子"[yɛ̃³¹tsl⁵³]，用于种植蔬菜，多数园子还种植少量果树。

随着时代的发展，传统建筑存在的缺点越发凸显，如采光不足、隔音差、安全性不够、土地利用不充分、功能无法满足现代生活需求等。而且，传统建筑要经过开工、奠基、立柱、上梁等过程，各种仪式十分烦琐，难以适应当今较快的生活节奏。因此，传统建筑被大量新式楼房取代，传统的建筑活动也随之消失了。

除了作为居所的建筑，"高山汉"还建有饲养家畜家禽的牛圈、猪圈、鸡圈等，为方便出行，还建有拱桥、"崖梯"[ŋai³¹tʰi³⁵]石砌阶梯等设施。

1-2◆逻沙

三合院 [sã³⁵xo³¹yɛ̃²¹³]

富裕人家建造的房屋。正屋两侧建有作为卧室的房屋，称为"厢房"[ʃiaŋ³⁵faŋ³¹]（见图1-5），形成三面合围的结构。正屋可为"九个头"或"十三个头"（见图1-9），整体构造与普通瓦房无异。厢房为"三个头"结构，三合院每侧厢房均有相连卧室两间。中间的院子一般铺设石板，称为"天心坝"[tʰiɛ³⁵ʃin³⁵pa²¹³]。三合院正屋对面有围墙，材料一般为石砖，称为"院墙"[yɛ̃²¹³tʃʰiaŋ³¹]。院墙有大门，称为"朝门"[tʃʰau³¹mən³¹]或"闸子门"[tʃa³¹tsɿ⁵³mən³¹]，较为坚固，旧时可用于防土匪。

1-3◆逻沙

吊脚楼 [tiau²¹³tʃio³¹ləu³¹]

一种底层无墙面、仅用木桩做支柱的房屋。一般有三层：下层，也叫"楼脚"[ləu³¹tʃio³¹]，用于蓄养牲畜或放置杂物；中层是悬空的主房，地板用厚实木板铺设而成，一般悬高2米左右，供人居住；上层用隔板搭设，用于存放粮食。其他结构与瓦房无异，一般为"十三个头"（见图1-9）。

长五间 [tʃʰaŋ³¹u⁵³kã³³]

设有十三间屋子的房屋。其中"堂屋"（见图1-10）一间，卧室十间，"厦子"（见图1-43）两间。除卧室数量较多外与普通瓦房无异，均为"十三个头"（见图1-9）。

瓦房 [ua⁵³faŋ³¹]

用瓦片做房顶的木制结构传统民居。一般为两层，下层十间或九间，其中"堂屋"[tʰau³¹u³¹]（见图1-10）一间。"堂屋"两侧各有四个房间：左侧靠前一间叫"火间"[xo⁵³kã³³]（见图1-11），其后为主卧；右侧两间多用作次卧。房子两端的屋子叫"厦子"[sua⁵³tsɿ⁵³]（见图1-43）。正房除"堂屋"外，其上均有阁楼，一般以木板为楼板，主要用于堆放粮食。同结构的房屋中，也有用茅草做房顶的，称为"茅草房"[mau³¹tsʰau⁵³faŋ³¹]。

乐业　壹・房屋建筑

1-7◆逻沙

三柱房 [sã³⁵tʃu²¹faŋ³¹]

两面侧墙每面仅三根主柱支撑，没有"瓜柱"（见图1-14）的房子。墙壁一般由未经深加工的木板简单拼合而成，板壁间的缝隙亦不做处理。旧时屋内地面多为夯平的泥地。较窄小，"堂屋"（见图1-10）的"香火"[ʃiaŋ³⁵xo⁵³]（见图6-73）壁后没有足够的空间设"道巷"[tau²¹xaŋ²¹³]（见图1-42）。除此之外，构造与其他房屋差别不大。"三柱房"建造成本低，特别困难的家庭才建造这种住房。

七个头 [tʃʰi³¹ko²¹tʰəu³¹]

有五根主柱、两根"瓜柱"（见图1-14）的房子。正中间的主柱称为"中柱"[tʃoŋ³⁵tʃu²¹³]，"中柱"往后数第一根主柱称为"二囗"[ə²¹³in⁵³]，往后数最后一根主柱称为"列子柱"[lɛ³¹tsʅ⁵³tʃu²¹³]。墙壁间没有缝隙，做工较考究。旧时地板为厚实木板铺设，现多为水泥地板。

1-8◆逻沙

中国语言文化典藏

1-6◆逻沙

砖房 [tʃuã³⁵faŋ³¹]

用烧结砖或水泥砖建造的房子的统称。现在单层的砖房一般均称为"平房"[pʰin³¹faŋ³¹]，而多层结构的均称为"楼房"[ləu³¹faŋ³¹]。

厢房 [ʃiaŋ³⁵faŋ³¹]

连着正屋两侧任意一侧修建的卧室。为"三个头"结构，可以两间相连，也可单独一间，最多三间。如为"三合院"（见图1-2），则两侧均为厢房。厢房一般作为客房使用，可安放客床两张。因"高山汉"住宅常建在坡地，后高前低，厢房常常悬空。

1-5◆逻沙

1-9 ◆长朝

十三个头 [ʃ̩³¹sã³⁵ko²¹³tʰəu³¹]

有五根主柱、八根"瓜柱"（见图1-14）的房子。为瓦房中最为宽敞的样式，可设"道巷"（见图1-42）。做工考究，木板墙、房门、窗户多精雕细琢。旧时地板为厚实木板铺设，现均为水泥地板。富裕人家修建的"十三个头"较一般房屋更为宽敞，但总体结构不变。据说还有"十五个头"[ʃ̩³¹u⁵³ko²¹³tʰəu³¹]，但十分罕见。

此外，"五个头"一般为庙宇用房，现已经难以见到。

火间 [xo⁵³kã³³]

日常饮食起居的核心区域。既是厨房，也作餐厅、客厅。"火间"设有"火埠"[xo⁵³pu²¹³]（见图1-12），上方有"炕"[kʰaŋ²¹³]（见图2-33），再往上是楼板。天冷来客，则请客人坐上"火埠"。一般为房屋左侧两个房间中靠前的一间。旧时一般以木板铺设地板或是夯平的泥地，现多为水泥地板。

1-10 ◆长朝

堂屋 [tʰau³¹u³¹]

位于房屋正中央位置的屋子。用于摆放"香火"（见图6-73）、祭祖、会客、大型节日聚餐以及宴请宾客等。"九个头"以上结构的房屋，一般可在"堂屋"后设"道巷"（见图1-42）。

火埠 [xo⁵³pu²¹³]

"火间"（见图1-11）中生火做饭、吃饭待客的地方，是"火间"的核心。用厚木板做成高约60厘米、长约2米的正方形平台，中间填泥以隔热；其他部分均为木制。中间有宽约80厘米的正方形凹坑，为烧火、做饭菜之处。"火埠"高出地面约80至85厘米，下方是空的，可临时放置杂物，也可做狗窝。

1-12 ◆长朝

1-18 ◆相木

1-17 ◆长朝

翘檐 [tʃʰiau²¹³yɛ̃³¹]

屋脊两端及房顶四面斜坡相交处用瓦搭建的装饰物，顶端上翘，故名。有仅在房顶坡面四个相交处下端搭建一个"翘檐"的，也有在房顶坡面中、下两处共搭建两个的（见图1-18）。由于"三个头"结构房顶只有前后两个斜坡，故不建"翘檐"。

鼓禄全 [ku⁵³lu³¹tʃʰyɛ̃³¹]

瓦房房顶正中用瓦片搭建的铜钱式样的装饰物。一般只建一个铜钱，也有建三个铜钱的。"高山汉"认为一旦"鼓禄全"塌损，家人就会有厄运，所以都会精心搭建，使之足够稳固，不易损坏。

亮柱 [liaŋ²¹tʃu²¹³]

"九个头"、"十三个头"（见图1-9）最外侧的主柱。"高山汉"房子一般有六面起支撑作用的墙，每面墙有两根"亮柱"，一前一后。

1-15 ◆逻沙

1-19◆逻沙

1-14◆逻沙

燕子口 [iɛ̃²¹³tsʅ⁵³kʰəu⁵³]

在瓦房房顶两端留出的用于通风的口，状似张开的燕子嘴巴，故名。由于瓦房没有导油烟用的烟囱，"燕子口"可使室内空气流通，所以一般不封闭。

瓜柱 [kua³⁵tʃu²¹³]

瓦房中下端立于梁、枋之上的短柱，也叫"瓜瓜"[kua³⁵kua⁵⁵]。其断面或方或圆，用于支顶上屋梁。图1-14中竖的这两根（一长一短）都是"瓜柱"。

檐柱 [iɛ̃³¹tʃu²¹³]

"三柱房"（见图1-7）最外侧的主柱，"九个头"、"十三个头"（见图1-9）从外往里数第二根主柱。"高山汉"房子一般有六面起支撑作用的墙，每面墙有两根"檐柱"，一前一后。

梁 [liaŋ³¹]

屋顶大梁。中间悬红布一块，悬布的位置称为"梁心"[liaŋ³¹ʃin³⁵]。房屋建造之初，在大梁正中铺上一块红布，将四个银币钉入红布四角使之固定。房屋建好后，将红布的中心位置钉入"梁心"，取下四角的银币，使之下垂。悬挂多年的红布往往失去原色。"梁"两头有横木四根，称为"檩子"[lin⁵³tsʅ⁵³]。

1-16◆逻沙

1-13◆火卖

崖墙 [ŋai³¹tʃʰiaŋ³¹]

用较大石块堆砌的石墙。"高山汉"称石为"崖"[ŋai³¹]，故名。由于"高山汉"居住地地势起伏，为了保护地基，往往需要建造"崖墙"作为地基挡土墙，也可作为园子的围栏。

屋檐 [u³¹iɛ̃³¹]

房顶前后坡的边缘部分。"堂屋"（见图1-10）及房间前边屋檐可加宽，使楼上空间向外延伸，也使其下有足够的活动空间，其上部称为"天楼上"[tʰiɛ̃³⁵ləu³¹ʃaŋ²¹³]。大部分房屋仅在"亮柱"（见图1-15）外边部分设有屋檐（见图1-23）。"天楼上"常有燕子筑窝（见图1-24），"高山汉"认为燕子在"天楼上"做窝会带来好运气。

瓦 [ua⁵³]

瓦房铺屋顶用的建筑材料。用泥土烧制，一般为拱形。现今"高山汉"多建楼房，瓦的使用越来越少。

壁头 [pi³¹tʰəu³¹]

瓦房墙壁的总称。"壁头"因方位不同而有不同的称呼，房屋正前方的称为"晒壁"[ʃai²¹³pi³¹]，两头的称为"山头上那壁"[ʃã³⁵tʰəu³¹ʃaŋ²¹³la²¹³pi³¹]，屋后的称为"后口那壁"[xəu²¹taŋ²¹la²¹³pi³¹]。屋内的则统称"壁头"。旧时大人骂孩子的话"一巴掌打你巴壁头上落不下来"中的"壁头"就是墙壁。

1-27◆火卖

脚门 [tʃio³¹mən³¹]

房屋正前方除"大门"（见图1-26）外进出房屋的门，也包括"火间"（见图1-11）通往"堂屋"（见图1-10），和"堂屋"与两侧房间之间的门。

后门 [xəu²¹³mən³¹]

通往屋后的门。一般只在卧室开后门；个别家庭在屋后有园子或猪牛圈，则会在左侧"厦子"（见图1-43）增开一个后门。也有不开后门的，比如"三柱房"（见图1-7）一般就不设后门。

1-29◆长朝

中国语言文化典藏

1-28 ◆ 长朝

1-25 ◆ 长朝

厢房门 [ʃiaŋ³⁵faŋ³¹mən³¹]

厢房的门。一般两扇，也可一扇。

飞檐 [fəi³⁵iɛ̃³¹]

屋檐底部用于加固桷的木板。因为桷固定在檩上，用一块"飞檐"加固即可。通常不加修饰，也有少量"飞檐"雕刻有花纹。

大门 [ta²¹³mən³¹]

进入"堂屋"（见图1-10）的正门，均为双扇。有的人家在大门两边还开有门，均为与大门相似的双扇门，这类"堂屋"有三个正门，共六扇，称为"六合门" [lu³¹xo³¹mən³¹]。

1-26 ◆ 长朝

门栏 [mən³¹lã³¹]

设在大门（见图 1-26）外侧的矮门，两扇，可防止家禽家畜进到屋内。门栏并不常见，偶见于逻沙镇。

卷洞门 [tʃyɛ̃⁵³toŋ²¹³mən³¹]

带有装饰性图案的拱形门。大多为庙宇使用，也有个别富裕家庭使用。

1-33 ◆逻沙

1-34 ◆长朝

门脚 [mən³¹tʃio³¹]

木制门枢纽。门的上方下方均有，包括"门包(之一)"[mən³¹pau³⁵]门下方对门起支撑作用的木块和连着门板的木柱。"门包(之一)"内侧为挖出的孔洞，但不挖通，称为"窝窝"[uo³⁵uo⁵⁵]。当地有些老人认为，"窝窝"里的碎木屑可以治疗婴儿皮肤褶皱处的溃烂。

门闩 [mən³¹ʃuã³⁵]

门关上后，插在门内使门推不开的滑动插销。当地"门闩"由"门包(之二)"和"闩闩"[ʃuã³⁵ʃuã⁵⁵]组成。"门包(之二)"为钉在门板内侧的竖形木条，靠门板一侧凿出方形孔洞。"门包(之二)"为一对，两块门板各一。"闩闩"为一端及中部凸起的方形木条，经加工后可穿过两个"门包(之二)"，将房门从屋内闩住。随着时代的发展，防盗门等新式门逐渐普及，"门闩"已趋近消失。

财门布 [tsʰai³¹mən³¹pu²¹³]

挂在大门上方写有与招财有关的神仙名号或招财令的红布。当地人认为挂此红布有招财进宝的作用，故名。挂"财门布"称为"开财门"[kʰai³⁵tsʰai³¹mən³¹]，须举行仪式，请法师作法。部分人家把"开财门"视为重大喜事，往往要请来亲朋好友，大宴宾客。

1-30 ◆长朝

园杆 [yɛ̃³¹kã²¹³]

篱笆，"园子"（见图1-58）的围墙。一般用木条、木板围绕"园子"搭建而成。有园门一扇，一般不上锁。

阶檐坝 [kai³⁵iaŋ³¹pa²¹³]

房屋前端屋檐下的地面，高出屋前"檐坝"[yɛ̃³¹pa²¹³]（见图1-38）一阶。为确保房内空间，"三柱房"（见图1-7）仅"堂屋"（见图1-10）前设有。旧时富裕人家一般用石板铺设；普通人家则直接把泥地夯平，仅在外端加铺石块或石砖，与"檐坝"相隔。现均为水泥地面。

1-36◆长朝

1-35◆火卖

梅花格 [məi³¹xua³⁵kɛ³¹]

雕刻在木墙上部的用作装饰的小孔。样式极多，可随人喜好而雕刻。虽名为"梅花格"，但并不局限于梅花形状。

窗门 [tʃʰaŋ³⁵mən³¹]

窗子。瓦房一般只在卧室和"火间"（见图1-11）安装窗子。窗子不大，内侧有一块可以左右活动的木板，用于开关窗子。有的窗子经精雕细刻，配有体现一定寓意的精美图案。

檐坝 [yɛ̃³¹pa²¹³]

房前大块平整的空地。一般为夯平的泥地，用于晾晒粮食，也叫"大阶檐" [ta²¹kai³⁵iaŋ³¹]、"晒台" [ʃai²¹³tʰai³¹]。若房屋所处地势起伏较大，则多在前端搭架木台，用竹子或木板做成台面，现已不多见。

1-38◆长朝

1-42◆长朝

道巷 [tau²¹xaŋ²¹³]

"堂屋"（见图1-10）后面的一个小房间，其前方为"香火壁"[ʃiaŋ³⁵xo⁵³pi³¹]神台背靠的墙壁。一般是待客场所；特别大的房子里，"道巷"同时作为走道，通往两侧房间，或因此得名。

寨子 [tsai²¹³tsʅ⁵³]

村庄。人口多的称"大寨子"[ta²¹tʃai²¹³tsʅ⁵³]，人口少的称"小寨子"[ʃiau⁵³tʃai²¹³tsʅ⁵³]。"高山汉"居住分散，二十世纪七八十年代时"寨子"一般较小，多为十户左右；现在大多数"寨子"的户数已经翻倍，但仅有几户的"寨子"也不在少数。"寨子"内房屋比较集中，背山而建，错落分布。

1-40◆龙平

厦子 [sua⁵³tsʅ⁵³]

　　杂物房。位于房屋两头，主要用于存放各种劳作工具。左边"厦子"靠近"火间"（见图 1-11），便于烹煮，故主要用作煮猪食的场所，建有大灶，放置煮猪食的用品，如米糠桶、猪食桶、未烹煮的猪食等。右边的"厦子"主要用于加工粮食，安放碓 [tuəi²¹³] 加工粮食的工具，一般用来舂米去谷壳，也可舂"米花"[mi⁵³xua³³]（见图8-6）、芝麻、香料等、大的石磨以及加工粮食的其他器具。当地的"厦"在"厦子"一词中读音特殊，读为合口呼。

房间 [faŋ³¹kã³⁵]

　　"堂屋"（见图 1-10）两侧四间房的统称，除用作厨房的"火间"（见图 1-11）外并无其他专门的称呼。房屋右侧靠前一间兼做过道，通往右边的"厦子"（见图 1-43），所以一般不作卧室，多用于放置杂物；有客人时也可作为客房；近年也有作客厅用的。靠后房间为卧室。"火间"（见图 1-11）后一间亦为卧室。

1-47 ◆逻沙

1-46 ◆逻沙

石鼓 [ʃⁱ³¹ku⁵³]

用来垫支"亮柱"（见图1-15）的鼓形石礅，雕刻有精美的图案。制作成本较高，个别特别富裕的人家才用得起，普通人家一般只使用造价低廉的"崖等＝"[ŋai³¹tən⁵³]（见图1-46）。

崖等＝[ŋai³¹tən⁵³]

用来垫支房屋柱子的石礅，可以避免柱子因被水浸泡而损坏。一般为用大青石简单加工而成的圆柱体。用来垫支房屋四周柱子的"崖等＝"较大，垫支屋内柱子的则较小。"等＝"[tən⁵³]，指的是一种厚实且耐压的垫物用具，可用作石礅、坐具、工作台、砧具等。

1-45 ◆长朝

楼梯 [ləu³¹tʰi³⁵]

上楼用的梯子，一般为木制。可移动，不用时可靠墙以节省空间。一般两边阁楼共用一副楼梯。

楼上 [ləu³¹ʃaŋ²¹³]

位于房间（见图1-41）之上的阁楼，主要用于存放粮食及腊制食品。楼板一般用木板铺设，也有用竹子铺设的。木板或竹片之间留有缝隙，以确保空气流通及"火间"（见图1-11）烧火时热气上熏。

偏偏房 [pʰiɛ̃³⁵pʰiɛ̃⁵⁵faŋ³¹]

在"厦子"（见图1-43）外边另搭建的杂物房。一般三面有墙，正面无墙，也有的正面建有1米来高的矮墙。

1-49◆长朝

牛圈 [ɲiəu³¹tʃiɛ̃²¹³]

　　饲养牛的建筑。一般建在住宅边上，比较简陋。上方以木料隔出一层，可放置柴草。顶部一般用茅草覆盖，也有做成瓦顶的（见图1-49）。

鸡罩 [tʃi³⁵tʃau²¹³]

　　养鸡的笼子。一般用木条或竹片钉制而成。"高山汉"养鸡多为放养，但后期为了让鸡更快生长，也有笼养的。

1-52◆长朝

鸡圈 [tʃi³⁵tʃyɛ̃²¹³]

　　饲养鸡的建筑。一般建在"厦子"（见图1-43）边上，圈里一般放有"鸡罩"[tʃi³⁵tʃau²¹³]（见图1-52）。

猪圈 [tʃu³⁵tʃyɛ̃²¹³]

　　饲养猪的建筑。建造方式与牛圈（见图1-49）相似，但空间较小。旧时大多建成悬空样式，地板多用厚实的木板铺设，板间有一定空隙，便于粪便落到圈底，以防止粪便堆积。这种样式现在已不多见。现在的猪圈多用水泥砖围墙（见图1-50），铺设水泥地板，可用水冲洗。

乐业　壹·房屋建筑

桥 [tʃʰiau³¹]

　　大部分"高山汉"居住在高寒石山地区，比较缺水，坚固的石桥不多见。多为三五根圆木并排搭设成简陋的桥。

1-56◆逻沙

拱桥 [koŋ⁵³tʃʰiau³¹]

　　中间高起呈弧形的桥。用石头建造，架在河上。据说旧时"拱桥"多为大户人家组织众人筹钱建成。

1-57◆平河

仓库 [tsʰaŋ³⁵kʰu²¹³]

主要用来存储稻谷的地方。在屋顶坡面与阁楼夹角处，当地人用木板将空间隔开，形成仓库，宽约2米。为保证密封，阁楼楼板、仓库与屋顶隔层、仓库与阁楼间的隔板都要开槽装板。木板一侧拉槽，一侧制榫，由多块木板嵌套拼合而成。

水井 [ʃuəi⁵³tʃin⁵³]

与中国大部分地方的掘井方式不同，"高山汉"将泉眼拓宽，加筑石墙或水泥墙蓄水。"水井"宽度一般与泉流大小成反比，泉流大蓄水快，所以宽度不宜太大；水流小则反之。为确保水源清洁，"水井"一般离居住地有一段距离。人们从"水井"挑水，也偶尔在"井"沿洗菜、洗衣服。"水井"水深一般有一两米，水面离地面较近，一般可手持水桶从"井"中取水。

鸡窠 [tʃi³⁵kʰo⁵⁵]

母鸡下蛋抱窝的地方。可以用旧的"背篼" [pəi²¹təu³⁵]（见图5-50）、箩筐充当。里面常垫有稻草，有利于保持抱窝所需的温度。

柴房 [tʃʰai³¹faŋ³¹]

堆放劈好的木柴的简单棚子，多用油毛毡做顶。木柴多悬空放置，避免水淹。垛成堆的木柴称为"柴堆"[tʃʰai³¹tuəi³⁵]。

园子 [yɛ̃³¹tsʅ⁵³]

菜园。每户人家必有一个，多在房前屋后。冬季主要种植蔬菜，春夏则会在蔬菜间混种其他作物。

崖梯 [ŋai³¹tʰi³⁵]

石砌阶梯，也叫"石梯子"[ʂ̩³¹tʰi³⁵tsɿ³¹]。有的铺在屋前，有的建在山路上（见图1-61）。建造一般都比较随意，普通平整大石即可。用大青石制成石板搭建的，称为"麻条子"[ma³¹tʰiau³¹tsɿ⁵³]，用于通往寺庙，或用于富裕家庭。

崖狮子 [ŋai³¹ʂ̩³⁵tsɿ³¹]

石狮子。多为富贵家庭所用，置于大门两侧，据说可以辟邪。

1-62◆同乐

挖基脚 [ua³⁵tʃi³⁵tʃio³¹]

　　按画好的线挖出地基。当地称地基为"基脚" [tʃi³⁵tʃio³¹]。"高山汉"多居住在高寒石山区，建房子往往要先挖出石头，才能下地基。一般先请风水先生选择地基位置及朝向，根据地基情况进行设计；然后按设计图纸在地上画出平面结构，称为"下线" [ʃia²¹ʃiɛ²¹³]；再选好良辰吉日，插三炷香，奉上公鸡、猪肉、酒等供品，烧纸钱，念咒语："今年我在这里起房子，惊动地脉龙神。敬点钱财给您，向您买下这块地。"然后动工清理，开挖基坑。旧时"挖基脚"多为人工，现在一般采用机械化方式（见图1-62）。地基挖好后要"安地梁" [ŋã³⁵ti²¹³liaŋ³¹]把加了钢筋的模板放入"基脚"。

1-63◆同乐

捞浆 [lau³⁵tʃiaŋ³⁵]

　　将水泥、沙子等加水搅拌成砂浆。

1-64 ◆同乐

砌砖 [tʃʰyi²¹tʃuã³⁵]

　　用砖砌墙。"高山汉"的传统住宅是木制结构，不需砌墙。现今则多采用砖墙结构，也有的就地取材，用石头砌墙。

安模 [ŋã³⁵mo³⁵]

　　安装制作"天面"[tʰiɛ̃³⁵miɛ̃²¹³]建筑物内部的上顶面和下顶面的模子。模子装好后，在模子里铺设钢筋，倒入混凝土，搅拌均匀，做成"天面"，叫"倒天面"[tau⁵³tʰiɛ̃³⁵miɛ̃²¹³]。

1-65 ◆同乐

日常用具，"高山汉"一般称为"家什"[tʃia³⁵ʃʅ²¹³]。

"高山汉"居住地区寒冷的时间较长，因而对"火塘"[xo⁵³tʰaŋ³¹]（见图2-1）有较大的依赖。人们习惯围着"火塘"煮饭、吃饭、"摆龙门阵"[pai⁵³loŋ³¹mən³¹tʃən²¹³]（见图6-8），天冷的时候则围着"火塘"烤火。因此，炊具、卧具、坐具、灯具、储具等"家什"也往往与"火塘"相适应。

"火间"（见图1-11）是"高山汉"家庭活动的中心，"火间"的核心则是"火埠"（见图1-12），"火埠"中的"火塘"安放"三脚"[sã³⁵tʃio³¹]生铁制成的圆形空心三脚置物架一个，"三脚"上可架锅，下边生火。煮食的同时，火光也有一定的照明作用，熊熊的火焰可有效提高"火间"的温度。寒冷的冬天，除了睡觉或无人在家时，"火塘"里的火总在熊熊燃烧着。这种架"三脚"烹食的方式，方便而实用。由此衍生出这样的做法：不少人冬天用"火盆架"（见图2-49）烤火时，也在其上架个小的"三脚"，烤火的同时顺便做点小吃。

"火塘"产生的烟尘容易把周围的家具熏黑，因此"高山汉"传统家居中，沙发之类的坐具不多，多为凳子，长的、短的、高的、矮的，各种形式的都有。孩子们在冬夜犯困的时候，会把两张长的矮凳往"火埠"上一并，就在上面睡觉。

八仙桌是旧时"高山汉"家中必备的家具。但日常饮食却多在"火埠"上进行，很少用到八仙桌。即使来了客人，只要客人不多，也就直接在"火埠"上解决。在菜锅上方架一块木板，木板上摆上菜，锅里热气腾腾地煮着食物，蒸腾而上的水汽又能给上方的菜肴保温。如果吃饭的人比较多，则安排主要客人到"堂屋"（见图1-10）里吃。摆上一张圆桌，天冷时下边用木炭烧一盆火，但菜肴没法保温，因此常使用专门的火锅。

"高山汉"的传统卧具多为木床。为便于接待来客，旧时有的人家也备有可展开作为卧具的"床沙发"[tʃʰuaŋ³¹ʃa³⁵fa³¹]（见图2-58）。

"高山汉"日常用具大多就地取材，如木制的"洗菜盆"（见图2-60）、"瓢瓜架"[pʰiau³¹kua³⁵tʃia²¹³]（见图2-79），竹制的"竹刷刷"[tʃu³¹ʃua³¹ʃua³¹]（见图2-19）、"吹火筒"[tʃʰuəi³⁵xo⁵³tʰoŋ³¹]（见图2-11），石制的"崖黄缸"[ŋai³¹xuaŋ³¹kaŋ³⁵]（见图2-78），陶制的各种器皿。随着社会的发展，许多日常用具被更为结实精美或便宜的金属、塑料制品取代。

2-1 ◆长朝

火塘 [xo⁵³tʰaŋ³¹]

"火埠"（见图 1-12）中用于烧火的区域，也叫"火塘心" [xo⁵³tʰaŋ³¹ʃin³⁵]。中心架有"三脚"，煮饭做菜均在"三脚"上完成。"火塘"的火常年不熄，暂不需用火时，用火灰把正燃烧的柴块掩埋；需用火时将灰扒开，将未熄的火炭吹旺即可。四周用烧结砖围好以防止火燃到旁边的木板。

2-2 ◆逻沙

灶 [tsau²¹³]

煮食的设备。设在房屋左边"厦子"（见图 1-43）内，一般用黏土制成。可放置大的铁锅，用于煮猪食、煮大锅饭、蒸较多的食物及酿酒时蒸馏取酒。制灶时，一般先将一无底的大圆木桶置于地上，把和好的黏土灌入，夯实后雕挖成型，再用大火烧硬即可。有些人家为了能同时烧两口大锅，会用黏土做成方形，挖两个灶孔。现在多用烧结砖垒成。

2-6 ◆逻沙

2-5 ◆火卖

毛盖 [mau³¹kai²¹³]

与"灶锅"配合使用的盖儿,用竹篾编成。"毛盖"一般只在需要蒸煮的食物较多时使用,如逢年过节蒸扣肉、蒸糕点、做豆腐等。不用的时候挂在墙上。

锅子 [ko³⁵tsʅ⁵³]

除"鼎罐"(见图2-4)外锅的总称。生铁铸造而成,两侧各有一个便于搬动的"耳子"。一般分四类:"灶锅"[tsau²¹ko³⁵]也叫"大锅"[ta²¹ko³⁵]、"天锅"[tʰiɛ³⁵ko⁵⁵]、"菜锅"[tsʰai²¹ko³⁵](见图2-5)、"小锅"[ʃiau⁵³ko³³]也叫"耳锅"[ə⁵³ko³³]。每种类型用途不一:"灶锅"最大,可置于灶上烹煮食品;"天锅"一般在"烤酒"[kʰau⁵³tʃiəu⁵³](见图5-125)时置于"烤酒"工具之上,作为冷却烧酒的容器;"菜锅"主要用于炒制菜肴;"小锅"主要配合火盆使用,用于制作小吃。

2-3 ◆火卖

2-4 ◆逻沙

炉子 [lu³¹tsʅ⁵³]

用钢筋及废旧铁桶制成,有大有小,可移动使用。旧时,如宾客较多,一般在屋边用石块搭成简易的灶,以弥补家中炉灶不足。现今地面一般硬化了,为了干净,宾客多的时候多使用方便移动的炉子。

鼎罐 [tin⁵³kã²¹³]

旧时当地专门用来煮饭的器具。生铁铸造而成,外形像一个圆球切掉四分之一;腰部有四个"耳子"[ə⁵³tsʅ⁵³]把手。搬动烧热的"鼎罐"一般要用专门的工具"抬锅帕"[tʰai³¹ko³⁵pʰa²¹³](见图2-29)。

2-8◆同乐

2-9◆同乐

甑子 [tsən²¹³tsʅ⁵³]

蒸食物的主要器具。形似木桶，上大下小；由"甑盖" [tsən²¹kai²¹³]、"甑桶" [tsən²¹³tʰoŋ⁵³]（见图2-8）、"甑桥" [tsən²¹³tʃʰiau³¹]（见图2-9）、"甑算" [tsən²¹pi²¹³] 四部分组成。旧时"甑盖"为木板制作，现多以锅盖代替。"甑桶"即甑身，将数块木板加工成弧形，板两侧各钻两个孔，用竹钉将加工好的各块木板拼合，外部以竹篾捆扎，现一般改用铁丝。甑身内下部四分之一处还有对称的四个竹钉，用于放置"甑桥"，以避免"甑子"里的东西滑到甑底。"甑桥"是用来支撑"甑算"及需蒸煮的食物的十字形木架。"甑桥"架在"甑桶"里的竹钉上，其上搭放"甑算"。"甑算"是用竹篾编成的圆盘状器物，置于"甑桶"中，用来放置需蒸煮的食物。"甑算"空隙多且均匀，水蒸气可从缝隙中透过，从而蒸熟食物；又可防止食物掉落。

夹钳 [ka³¹tʃʰiɛ̃³¹]

火钳。顶部弯曲，不仅便于夹火炭，还便于拨弄"火塘"（见图2-1）里的火灰。"高山汉"有在"火塘"里保留火种的习惯，晚上熄火时用火钳将正在燃烧的木柴盖住，第二天早上生火时用"夹钳"将柴上的火灰拨开，将未燃尽的火炭吹旺，以此引火。

吹火筒 [tʃʰuəi³⁵xo⁵³tʰoŋ³¹]

助燃的工具。把竹竿截成一尺多长，如中间有竹节，还需打通，再把两端略微打磨即可。使用时，把一端对准需燃旺的柴火，从另一端吹气，可使火燃旺。随着煤气、电器的普及，"吹火筒"已不常使用。

2-11◆逻沙

2-10◆长朝

2-7◆逻沙

火锅 [xo⁵³ko³³]

对食材进行即煮即食的用具。"高山汉"请客、过节在"堂屋"（见图1-10）里就餐，天冷的时候菜肴不易保温，需要使用火锅。现在已不大使用，而改用更加方便的电磁炉。

潲桶 [sau²¹³tʰoŋ⁵³]

专门用于装猪食的桶。加工工艺与水桶基本一致，但只有一块桶板长出桶身，板上装有把手，称为"潲桶把把"[sau²¹³tʰoŋ⁵³ pa⁵³pa⁵³]。仅有单个把手，可方便从桶内舀出猪食。现已不大使用。

2-13◆逻沙

水桶 [ʃuəi⁵³tʰoŋ⁵³]

打水的工具。旧时多为木制，做法与"甑桶"（见图2-8）基本相同。最宽处两块相对的桶板突出，并有横木安置其上，作为提梁。提梁下端正中间的位置一般会挖个小槽，以便捆绑绳索，便于挑水。

2-12◆逻沙

2-16◆逻沙

2-15◆逻沙

猪潲瓢瓜 [tʃu³⁵ʃau²¹³pʰiau³¹kua³⁵]

专门用于舀取猪食的大勺子，因与"葫芦瓢瓜"（见图2-15）类似，所以也叫"瓢瓜"。木制，很厚重。猪食量大，将猪食从锅中舀入猪槽，每次都必须满勺，既烫且重，因此其原料必须是结实的木料。但不能作为舀水用具，因为太沉，孩子不易拿稳。现大多已被工厂生产的塑料制品取代了。

葫芦瓢瓜 [kʰu³¹lu³¹pʰiau³¹kua³⁵]

旧时主要的舀水用具。把较大的葫芦切成对开的两半，可制成两个瓢儿。但葫芦壳较薄，被水浸泡后一般使用两三个月就会坏掉，所以以前每家每户都会在自家菜园里种些葫芦，以便随时制作新的"葫芦瓢瓜"。现在已经被更结实耐用的金属、塑料制品取代。

捞沥 [lau³¹li³¹]

笊篱。旧时用竹篾、铁丝等编成，长约三尺。形似漏勺，有眼儿，手柄一般用竹木制成，可以隔热。烹饪油炸及水煮食品时使用。

丝瓜瓤 [sʅ³⁵kua⁵⁵ʒaŋ³¹]

主要的炊具清洁用具。丝瓜成熟后晒干，去掉外层表皮，抖掉瓜瓤里的籽，即可用于洗刷锅碗等。丝瓜瓤具有不粘油、清洁干净等特点。

2-17◆甘田

2-20◆长朝

2-14◆逻沙

2-21◆同乐

潲□□ [sau²¹³pʰiɛ̃⁵³pʰiɛ̃⁵³]

烹煮猪食的工具，一般用橡木板简单加工而成。猪食量大，一般锅铲的柄太小容易折断，所以要用结实且不易吸水的木板制作。现大多已被金属、塑料制品取代。

炒米花扫扫 [tʃʰau⁵³mi⁵³xua³⁵sau²¹sau²¹³]

专用于将"米子"[mi⁵³tsʅ⁵³]（见图8-7）炒制成"米花"[mi⁵³xua³³]（见图8-6）的炊帚。用数枝脱粒后的高粱穗捆扎制成，比一般扫帚小，也叫"高粱扫扫"[kau³⁵liaŋ³¹sau²¹sau²¹³]。因"米花"是"高山汉"经常制作、喜爱食用的食品，"炒米花扫扫"便成为"高山汉"家中常备的用具。

竹刷刷 [tʃu³¹ʃua³¹ʃua³¹]

竹制的炊帚。"米草扫扫"（见图2-18）硬度不够，难以清理黏结得比较硬的锅底；"竹刷刷"较硬，可弥补这个不足。

米草扫扫 [mi⁵³tsʰau⁵³sau²¹sau²¹³]

炊帚，一般用糯米秆制成。做得比较精致的，像一把小型的扫帚；也可以简单捆扎制成，只求实用。"高山汉"一般用它来刷洗炊具、打扫桌面，制作面食时也可用来扫面粉。

2-19◆甘田

2-18◆同乐

2-27 ◆长朝

2-26 ◆长朝

锅箩圈 [ko³⁵lo⁵⁵tʃʰyɛ̃⁵⁵]

固定铁锅的环形用具。由于煮饭的"鼎罐"（见图2-4）及"菜锅"底部为弧形，在地上放不稳，"高山汉"用竹篾编成大小不一的圆环（见图2-26），或将较粗的竹筒截成圆环（见图2-27），置于锅底，使其稳定。

薄刀架 [po³¹tau³⁵tʃia²¹³]

旧时别放"薄刀" [po³¹tau³⁵] 菜刀的用具，也叫"刀皮皮" [tau³⁵pʰi³¹pʰi³¹]。把木条钉在"火间"（见图1-11）的木墙上即成。简易轻便，不占空间。"薄刀"别在"薄刀架"上，孩子不易拿取。现已被现代化刀具架替代。

擂钵 [luəi³¹po³¹]

较小的臼。石身，铁杵，主要用来捣制量少的食物，如香料、蒜泥等。因当地盛产草药，也常用来捣药。

2-25 ◆逻沙

2-22 ◆长朝

碗家 [uã⁵³tʃia³³]

　　放置餐具及作料的实木厨柜，旧时"火间"（见图1-11）内必备用具之一。右上部分一般不关闭，主要用来放置油、盐、酱、醋等作料；左侧及右下可用于放置碗、碟、盆等，外部一般装有柜门，可防鼠虫。随着厨柜的普及，"碗家"已逐渐淡出"高山汉"的生活。

筷箩 [kʰuai²¹³lo³¹]

　　插放筷子的器具。一般为方形，三面用木板钉成，背面木板较长，顶部挖孔，便于悬挂；正面仅钉两三根木条；底无孔。"筷箩"对灰尘无遮挡作用，现大多已被更卫生的塑料制品代替。

2-29 ◆逻沙

抬锅帕 [tʰai³¹ko³⁵pʰa²¹³]

专门用来端锅的工具，也叫"抬锅□" [tʰai³¹ko³⁵la²¹³]。用布反复折叠几层，然后用铁丝将布定型，系在竹根做成的提梁上，既可防烫伤，又能避免弄脏手。端较重的锅时还可以将"抬锅帕"挂在脖子上，方便使劲。

2-30 ◆龙坪

粑圈 [pa³⁵tʂʰyɛ̃⁵⁵]

用竹篾编成的专门蒸"发粑" [fa³¹pa³⁵]（见图 4-6）的工具，一般十个一组。在"灶锅"内加适量的水，架上"甑箅"，然后整齐地摆上"粑圈"，上方盖厚布，待锅内水沸，往"粑圈"中倒入发酵好的米浆即可蒸制"发粑"。现在也用金属、塑料制品代替。

2-31◆逻沙

茶盆 [tʃʰa³¹pʰən³¹]

放置茶杯的用具。木制，染成黑色。旧时只有富贵人家备有"茶盆"，作为待客用具；普通人家极少喝茶，客人来了亦不上茶，"茶盆"不常用。现今待客用的茶具一般已经换成了工厂生产的套装茶具。

2-32◆逻沙

擦子 [tsʰa³¹tsʅ⁵³]

擦丝器。用于将果蔬擦成丝，一般为自制。用木条钉成方形架子，在架子上钉一块金属片，在金属片上凿出一定大小的有规律的眼儿即可。传统的自制的"擦子"存在易生锈、不易清洁等缺点，已逐渐被淘汰。现在的"擦子"已多由工厂制造。

嘌⁼肉叉 [pʰiau⁵³ʒu³¹tʃʰa³⁵]

烧猪皮用的铁叉。猪皮去毛后，把叉子插入要加工的猪肉中，握叉举肉置于火上，将猪皮烧焦，然后用热水泡软，再用刀把烧焦的地方刮掉。

2-28◆同乐

炕 [kʰaŋ²¹³]

　　挂在"火塘"（见图2-1）上方的木架。旧时"高山汉"家里，即便不生火，"火塘"中也会有未熄的火炭埋在灰里，因此长年有热气。高寒石山地区常年潮湿，所以"炕"的作用很大：可以用"炕"来烘干布鞋；存储易受潮的食品，如红糖块等；烘烤腊肉、腊肠及辣椒、木耳、蘑菇等食材。有的形态较小，挂在"炕"下，可以临时用来烘烤体积不大且数量较少的物品，叫"小炕"[ʃiau⁵³kʰaŋ²¹³]。

2-33 ◆ 逻沙

棚ᐨ甑 [pʰoŋ³¹tsən²¹³]

烤制米酒的器具。甑顶架有一个铁锅，即"天锅"，用于置换冷水，使甑内蒸汽凝结；主体为"棚ᐨ甑"，是上小下大且中通的大木桶；甑身下端挖一长形口，放置"笕笕" [tʃiɛ⁵³tʃiɛ⁵³]引导酒流出的管子；甑下边是底锅，即"灶锅"。蒸的时候为防止水汽漏出，会围着底锅与"棚ᐨ甑"连接处放置谷糠和湿布。

2-36 ◆逻沙

2-34 ◆长朝

2-35 ◆长朝

撮瓢 [tsʰo³¹pʰiau³¹]

用来撮取粮食的用具。通常用毛泡桐木制成，呈撮箕形，有把。制作时，将木料挖凿、雕琢成型后，放入"甑子"中蒸制。经此道工序后，"撮瓢"不会开裂且越用越光亮。

米桶 [mi⁵³tʰoŋ⁵³]

旧时专门用来装舂好的米的大木桶。一般上部略大于下部，上方加盖儿以防鼠虫。现今人们已很少存储大量粮食，装粮食的容器大多也换成了工厂生产的塑料或金属制品。现在的"米桶"一般用来存放谷糠。

57

2-37 ◆甘田

2-38 ◆甘田

摇架 [iau³¹tʃia²¹³]

用于过滤生豆浆的架子。用两根木条按十字形钉牢，两根木条两端均系有绳索，绳索下方张挂"包帕"[pau³⁵pʰa²¹³]用于包裹煮好的豆浆的白色粗布。黄豆磨成生豆浆后，将其倒入"摇架"下方的"包帕"内，不停摇晃挤压，过滤豆渣，使细腻的浆水流入下方的容器内。然后是"煮浆"[tʃu⁵³tʃiaŋ³⁵]，将生豆浆用高温烧煮至浆水翻滚。最后是"捞泡泡"[lau³⁵pʰau²¹pʰau²¹³]，把"煮浆"冒出的泡捞出丢弃。

豆腐箱 [təu²¹fu⁵³ʃiaŋ³⁵]

制作豆腐的木制用具。由"底板"[ti⁵³pã⁵³]、"箍桶"[kʰu³⁵tʰoŋ⁵³]、"盖板"[kã²¹³pã⁵³]等多个部分构成。"底板"是"豆腐箱"底部的板，上面刻有多条横竖交错、分布规则的纹路。"箍桶"是"豆腐箱"的主体，内置"包帕"。将煮好的豆浆倒入"包帕"中，再把"包帕"四角折合，盖上"盖板"，上面压"承重崖"[tʃʰən³¹tʃoŋ²¹³ŋai³¹]方形的石块，将豆浆的水分滤出，由此压制成豆腐。"底板"可使豆腐呈现方形纹路，按纹路切割即可得到大小均匀的豆腐块儿。

2-42 ◆逻沙

木碓窝 [mu³¹tuəi²¹uo³⁵]

打糍粑的木制用具。树干截成长度适宜的圆柱体，挖出孔洞即成。因为较轻，下端要装上踏板，可用脚踏住，以免因拉扯糯米糕而使"木碓窝"翻倒。一般两人协作。

2-43◆逻沙

2-41◆逻沙

砍刀 [kʰã⁵³tau³⁵]

专门用来剁骨头的刀。材质比一般菜刀硬；刀身比一般菜刀短，刀刃略呈弧形，比刀背长；重量比一般菜刀重，抡动时可以产生一定的加速度，有利于劈开骨头。因外形像斧，也叫"砍斧"[kʰã⁵³fu⁵³]。

崖碓窝 [ŋai³¹tuəi²¹uo³⁵]

打糍粑的石制用具。将大青石挖凿、雕刻而成，结实沉重。把蒸好的糯米放入其中，用"粑棒"[pa³⁵paŋ²¹³]用于春捣的木制棒状用具，与"崖碓窝"和"木碓窝"[mu³¹tuəi²¹uo³⁵]（见图2-42）配合使用将糯米捣成糍粑。

饭铲 [fã²¹³tʃʰuã⁵³]

搭配"鼎罐"（见图2-4）使用的用具，用来搅米、舀饭、铲锅巴。生铁打造，一般装有较长的木柄，外形颇似武器月牙铲。这样的材质和形状，使其便于插入弧形的锅内，也便于将锅巴铲出。另有橡木制成的"饭片"[fã²¹pʰiɛ²¹³]，形状与"潲□□"[sau²¹³pʰiɛ⁵³pʰiɛ⁵³]（见图2-14）相似，功能与"饭铲"相似。

2-39◆逻沙

油瓢瓢 [iəu³¹pʰiau³¹pʰiau³¹]

专门用来舀取猪油的金属勺子。"高山汉"喜欢用猪油炒菜，但因居住地冬冷夏凉，猪油始终处于凝固状态。汤勺形的勺子在舀取猪油时，能把握适合的量；同时，金属勺子碰到锅体后，稍微加热即可使粘于其上的猪油化开。旧时一般为铁制（见图2-39），现在多为不易生锈的不锈钢勺。

2-40◆长朝

牙床 [ia³¹tʃʰuaŋ³¹]

装饰精美的婚床。一般为新婚时定制，往往会使用一辈子。因为用途特殊，故讲究精雕细琢，漆红漆。床架上方装有蚊帐架，便于张挂蚊帐。旧时富裕人家有用象牙装饰蚊帐架的，故名。

工人床 [koŋ³⁵ʒən³¹tʃʰuaŋ³¹]

旧时最常用的卧具。因平视像侧卧的"工"字，故名。"工人床"采用传统榫卯结构制作，工艺简单，但结实耐用，一张床往往可以使用五六十年。现在使用"工人床"的人家已经不多。

60

2-47◆长朝

神桌 [ʃən³¹tʃo³¹]

安放在神龛下的木制方形桌。做工用料与八仙桌（见图 2-46）相同，仅高度有区别，高约 1.2 米。"神桌"下另设神坛，称为"下坛"[ʃia²¹³tʰã³¹]，供奉"下坛祖师"[ʃia²¹³tʰã³¹tsu⁵³sɿ³³]。

八仙桌 [pa³¹ʃiɛ̃³⁵tʃo³¹]

实木制成的四方桌。主要用于就餐及看书写字，因可同时供八人围坐，故名。一般漆红漆，有的桌面还绘有精美图案，桌腿雕有花纹。桌高约 60 厘米，常与"高山汉"惯用的矮凳或小椅子搭配使用。

2-46◆逻沙

61

椅子板凳 [i⁵³tsɿ⁵³pã⁵³tən²¹³]

小椅子。多为木匠制成，有的家庭也自己制作。原料多为松木，表面漆油漆。适于与"火埠"（见图1-12）、八仙桌（见图2-46）等搭配使用。

火埠当门高板凳 [xo⁵³pu²¹taŋ³⁵mən³¹kau³⁵pã⁵³tən²¹³]

木制的长凳子，较高，放置在"火埠"（见图1-12）前方。这类长凳与普通长凳做工构造并无差异，但按"高山汉"旧时风俗，儿媳妇不能上"火埠"，因此这种凳子是为儿媳妇准备的。烤火时脚部无法烤到。

2-48◆逻沙

圆桌 [yɛ̃³¹tʃo³¹]

桌面为圆形的木制家具。可折叠，主要用作餐桌。类型较多，有的桌腿与桌面分离；有的桌腿一端固定在桌面下方，使用时展开即可（见图 2-48）；有的桌面分为对开两半，分别固定桌腿，使用时展开拼合。

2-49◆逻沙

2-50◆同乐

火盆架 [xo⁵³pʰən³¹tʃia²¹³]

将"火盆"支起的方形架子。主要用于烤火，也可一边烤火一边吃火锅。传统的"火盆架"宽约 60 厘米，单层，较低矮，中间挖出圆形空洞放置"火盆"；旧时一般为木制，现亦有铁制的。"高山汉"常在其上搭架子，烘烤食品；也常在其上架小"三脚"，炒制小食品。现今改良后的有双层架板，可摆放菜肴、作料、餐具等；可单张使用，也可叠加使高度增加（见图 2-50）。

高板凳 [kau³⁵pã⁵³tən²¹³]

　　木制的长凳子，较高，主要用来架客床。有客到家，摆两张"高板凳"，其上搭架床板，即成客床。"高板凳"一般不作为坐具；只有在接新娘的时候，"送亲客" [soŋ²¹tsʰin³⁵kʰɛ³¹]（见图7-14）将新娘送到男方家，男方才将其作为坐具供"送亲客"使用。

2-57◆逻沙

草等 ＝[tsʰau⁵³tən⁵³]

　　用稻草编成的坐具。一般为圆柱体，侧面配有提把，便于搬动，主要在天冷的时候使用。

2-55◆逻沙

2-56◆逻沙

等＝等＝[tən⁵³tən⁵³]

　　供人休息聊天的坐具。把废置不用的木料简单加工成方形即可，长短不限。一般摆放在屋檐下。

小板凳 [ʃiau⁵³pã⁵³tən²¹³]

　　矮小的凳子。多为家庭自行制作，做工往往比较粗糙。因体形小，很节省空间，适于与"火埠"（见图1-12）、八仙桌（见图2-46）等搭配使用。

2-54◆长朝

懒板凳 [lã⁵³pã⁵³tən²¹³]

摆放在"火埠"（见图1-12）靠墙一侧的长凳，较矮。人坐在上面可以倚靠在墙壁上，摆出懒散的姿势；同时，坐上此凳，可以烤火，舒服得再无意愿干活。故名。

床沙发 [tʃʰuaŋ³¹ʃa³⁵fa³¹]

木制长沙发。旧时常在结婚时置备，平时作为坐具，有客来时展开可当床用，故名。

2-58◆长朝

2-62◆火卖

脸盆架 [liɛ̃⁵³pʰən³¹tʃia²¹³]

　　用来放置脸盆的架子，一般在结婚时置办。六足，足上方雕刻着净瓶头、莲花头等样式；背板上端一般会雕有跟婚姻有关的形象，如凤凰等；背板格子可放置洗漱用品等。"高山汉"洗脸主要在"火埠"（见图1-12）上进行，所以"脸盆架"并不常用。

2-59 ◆ 逻沙

脸盆 [liẽ⁵³pʰən³¹]

　　用来洗脸、洗脚的盆，做法与"甑子"基本相同。将木板加工成均匀的弧形，木板两侧各打两个孔，用竹钉将板拼合，外圈用竹篾捆扎，底部嵌上一块圆板即成。这种盆也常用来洗菜，个别地方也叫"菜筲"[tsʰai²¹ʃiau³⁵]。现已不多见。

2-63 ◆ 长朝

米草扫把 [mi⁵³tsʰau⁵³sau²¹³pa⁵³]

　　用糯米秆、高粱秆编成的扫帚。旧时一般自己制作，现有人专门制成商品，在市场上出售。主体部分比较柔细易折，所以不太耐用，但清扫面积大，也适合打扫泥地，是"高山汉"最常用的扫帚。

2-60 ◆ 逻沙

洗菜盆 [ʃi⁵³tsʰai²¹³pʰən³¹]

　　专用于洗菜、洗碗、淘米的盆。做工与"脸盆"（见图2-59）相同但比"脸盆"略深。现已不多见。

2-61 ◆ 逻沙

石盆 [ʃi³¹pʰən³¹]

　　用青石制成的浅盆。把青石加工成近方形，凿出浅槽即成。一般置于屋檐下，雨天可收集雨水，供牲畜饮用、浇灌蔬菜，干活回家时也可以用来洗手洗脚。现已不多见。

2-65 ◆同乐

亮槁架 [liaŋ²¹³kau⁵³tʃia²¹³]

用来放置燃烧的"亮槁"[liaŋ²¹³kau⁵³]松树枝干中富含松脂的部分，易燃，燃烧时亮度足的架子，用铁丝编成。"亮槁"产生的烟较浓，也较黑，所以"亮槁架"通常只挂在"火间"（见图1-11）。把"亮槁"放在架上燃烧称为"点亮"[tiẽ⁵³liaŋ²¹³]。用"亮槁"照明的方式现已无人使用。

2-68 ◆逻沙

火油灯 [xo⁵³iəu³¹tən³⁵]

电灯普及之前的主要照明工具，以煤油为燃料。因当地把煤油叫作"火油"，故名。多为玻璃材质，外形如腰细肚大的葫芦；上方是形如张嘴蛤蟆的灯头，灯头一侧有可调节灯芯长短的旋钮，可以控制灯的亮度。也有人用废旧墨水瓶充当盛煤油的工具，自制成"火油灯"。

2-64 ◆长朝

刷丫扫 [ʃua³¹ia³⁵sau²¹³]

竹制的扫帚。用一扎带枝丫的竹枝捆扎而成，一般自制。

2-69 ◆逻沙

马灯 [ma⁵³tən³³]

一种可以手提、能防风雨的煤油灯。以煤油为燃料，外罩玻璃罩子，骑马夜行时可挂在马身上，故名。现已很少使用。

2-66 ◆同乐

打亮槁 [ta⁵³liaŋ²¹³kau³³]

将"亮槁"作为火把使用的照明手段。由于"亮槁"易于采集且不需要额外开支,旧时农村将其作为主要的照明及引火用品。随着各种现代照明手段的使用,"打亮槁"已无人使用。

2-70 ◆同乐

烤笼 [kʰau⁵³loŋ³¹]

放置在"火盆架"(见图 2-49)上用来烘烤物品的笼子,用竹篾编成,有较大的网孔。婴儿衣裤、尿片更换频繁,来不及晾干时可搭其上,快速烘干。

2-67 ◆逻沙

桐油灯 [tʰoŋ³¹iəu³¹tən³⁵]

用桐油作为燃料的小灯,有提梁。在没有电灯的年代,屋内照明一般要靠桐油灯。但桐油灯光线很弱,仅可供人大致辨认屋内物体。随着电力的普及和照明工具的现代化,桐油灯已很少使用。

2-78◆龙坪

2-72◆逻沙

崖黄缸 [ŋai³¹xuaŋ³¹kaŋ³⁵]

　　用青石制成的水缸。将石材凿空即成，多为圆柱体，也有方形。一般可装七八担水。现在多数家庭已使用自来水，现存的"崖黄缸"已经很少用来装水，往往用来盛装各种杂物。

油坛子 [iəu³¹tʰã³¹tsɿ⁵³]

　　盛装猪油的陶制坛子。口较大，方便用勺子舀取；旧时常用绳索做提梁，方便移动；常装入用竹篾编成的篮中，起保护作用。为防虫鼠，一般挂在墙上，用的时候才取下。

2-74◆同乐

2-76◆逻沙

酸扑坛 [suã³⁵pʰu³¹tʰã³¹]

　　用于腌制酸食品的陶制坛子。坛体上方有水封圈，略低于坛口，将碗状盖子扣于水封圈上，往圈内注水，可以隔绝外界空气，也能排出坛中发酵的多余气体。

叉⁼口坛 [tʃʰa⁵³kʰəu⁵³tʰã³¹]

　　口开得特别大的酿酒容器，方便把酿酒的原料从坛内舀出倒到蒸酒的大锅里。

中国语言文化典藏

2-71 ◆同乐

2-75 ◆同乐

火笼 [xo⁵³loŋ³¹]

　　一种灯笼状取暖工具。用铁丝编制而成，内置瓦盆，瓦盆里装有炭火。上有提梁，便于手提移动。旧时冬天取暖用。

酒坛子 [tʃiəu⁵³tʰã³¹tsɿ⁵³]

　　用来装酒的容器。腹大，口比一般坛子大，方便用"酒提子" [tʃiəu⁵³tʰi³¹tsɿ⁵³]（见图 5-113）从坛口中把酒舀出。

2-73 ◆逻沙

2-77 ◆逻沙

油罐 [iəu³¹kuã²¹³]

　　盛装菜油、茶油的陶罐或瓷罐。有嘴儿，方便将油倒出；有盖儿，可防鼠虫；一般用绳子做提梁。

盐罐 [iɛ̃³¹kuã²¹³]

　　用来装盐的小瓷罐。有盖儿，可避免食盐受潮及鼠虫危害。一般放置在"碗家"（见图2-23）内。有的配有耳朵，可系上绳子做提梁，挂在墙上。

箱子 [ʃiaŋ³⁵tsʅ⁵³]

内空无格子、配有"箱绊"[ʃiaŋ³⁵pã²¹³]锁扣的木箱。主要用来盛装衣物、贵重物品及个人隐私物品。日常使用的箱子一般只漆红漆；专为结婚置备的箱子，则绘有精美图案，且旧时如作为嫁妆，一般会置办两个；装书的箱子，一般要漆黑漆。

瓢瓜架 [pʰiau³¹kua³⁵tʃia²¹³]

水缸边上放水瓢的木架子。一般用木板和多根木条简单钉制而成。可直接搁在水缸上，也可挂在墙上。

书盒 [ʃu³⁵xo³¹]

旧时学生用来装书本文具的木盒。由于旧时缺少布料，用布料缝制的书包很少，学生上学一般带"书盒"。"书盒"有盖板，可灵活推拉；没有提梁或背带，只能手持或用腋窝夹着。

2-79 ◆逻沙

2-81 ◆逻沙

2-83◆火卖

柜子 [kuəi²¹³tsʅ⁵³]

　　用实木制成的容量特别大的木箱。一般
漆成品红，配有锁扣。通常同时置备两个，
主要装油罐、米、腊肉、棉被等物品。旧时
是"高山汉"必备的家具或嫁妆，但现在还
使用这种传统"柜子"的人家越来越少。

2-82◆平河

衣柜 [i³⁵kuəi²¹³]

　　存放衣物的柜式家具。多用杉木板制
成，多为平开门。旧时"高山汉"使用衣柜
的不多，一般只使用箱子（见图 2-80）及"柜
子" [kuəi²¹³tsʅ⁵³]（见图 2-83）。衣柜仅富裕
人家偶有使用。现在，衣柜已经普及，很多
人家还置备了样式更现代、功能更齐全的
衣柜。

提篮 [tʰi³¹lã³¹]

竹篾编的大篮子。开口大，有盖儿，带提梁；篮壁有较大的孔，方便水滤出。主要用于择菜、洗菜，杀猪后盛装猪油及猪内脏等。

2-89 ◆逻沙

饭箩 [fã²¹³lo³¹]

竹篾编的方形篮子，有盖儿。主要用来盛装食物，常用来给在远处地里干活的人送午饭；也可储存零食，如"米花"（见图8-6）、"麻蛋果" [ma³¹tã²¹³ko⁵³]（见图8-8）、白糖等。"饭箩"有大有小，用途特殊的需要较大容量，如定亲时给女方准备的"米花"量比较大，必须用大的"饭箩"才能装下。

2-85 ◆逻沙

2-88 ◆逻沙

酒格⁼当⁼ [⁼tʃiəu⁵³kɛ³¹taŋ³⁵]

酒葫芦。将成熟的葫芦刮皮、晾干、开口、掏净，配上软木塞，系上系带，即成。一般可装米酒一斤左右。"高山汉"外出干活时常系于腰间，随时饮用。

2-86 ◆ 逻沙

饭盒 [fã²¹³xo³¹]

竹篾编的盒子，一般为方形，有盖儿。专门用来给在远处地里干活的人盛装午饭。随着更便利的用具的出现，现已很少使用。

菜罐 [tsʰã²¹kuã²¹³]

外出干活时携带菜汤的容器，一般与"饭盒"（见图2-86）配合使用。截取较粗大毛竹的一节制成，装有提绳。配有木塞以防菜汤洒出。

2-87 ◆ 逻沙

提笼 [tʰi³¹təu³⁵]

竹篾编的圆筒形篮子，有盖儿。一般带提梁，可挂在墙上、梁上；做工精细，方便携带。主要作用是盛装鸡蛋，便于带到集市上出售；也可用来盛装其他物品，如给在远处干活的人带送午饭等。

2-84 ◆ 同乐

2-91◆逻沙

篾篮篮 [mɛ³¹lã³¹lã³¹]

专门用来盛装田螺的篾制竹篮。无盖儿，有提梁，体形小，较轻便。捞田螺时一般挂在身前，捞取田螺后将田螺扔入其中。现已很少使用。

圆提篮 [yɛ̃³¹tʰi³¹lã³¹]

竹篾编的篮子。无盖儿，有提梁；篮壁较密实，缝隙小。一般挂在楼板下，用来盛装烹饪所需的食材，如猪肉、腊肉，未切的蔬菜，以及面条、粉丝等。

2-90◆逻沙

2-93◆逻沙

2-92◆逻沙

麻篮 [ma³¹lã³¹]

做针线活专用的篮子，用竹篾制成。可盛装针线、锥子、顶针等针线活工具，也可盛装鞋样、花样、没做完的鞋子及相关小物件。端口是由一寸左右的竹篾两端相接制成的圈，但图2-93中"麻篮"的端口已经损坏。

菜篮子 [tsʰai²¹³lã³¹tsʅ⁵³]

旧时"赶场"[kã⁵³tʃʰaŋ³¹]赶集时用来盛装物品的篮子。竹篾编成，有提梁，可挎可提。因"赶场"购买的多为蔬菜，故名。"菜篮子"多为离"场坝"[tʃʰaŋ³¹pa²¹³]（见图5-103）较近的家庭使用；如离"场坝"较远，使用"菜篮子"会比较累，因此多使用"背篼"（见图5-50）。

鸡笼 [tʃi³⁵loŋ³¹]

用于盛装并搬运活鸡的笼子。用竹篾编成，笼身开有较大的网孔，笼内的鸡可将头探出。

2-94◆同乐

乐业

贰·日常用具

77

2-99◆逻沙

2-97◆逻沙

□笼 [kʰaŋ⁵³loŋ³¹]

夜间把鸡鸭关起来，防止被野生动物叼走的竹笼。无底，上通。除了起保护作用，也可方便提取鸡鸭。

背带搭搭 [pəi³⁵tai²¹³ta³¹ta³¹]

垫在背带与婴儿背部之间的布。婴儿睡着时可用来盖住头部，以保护婴儿头部。当地风大，气温较低，紫外线较强，"背带搭搭"可以起到防风保暖和遮阳的作用。

猪槽 [tʃu³⁵tsʰau³¹]

供猪吃食用的容器。一般是将圆木截取适当的长度后挖出凹槽制成。"高山汉"的猪圈多为吊脚楼式，不适合放置过重的石制猪槽。而木制猪槽重量不大，适合在吊脚楼使用；且木制猪槽取材方便，工艺简单，容易普及。不过现在不少人家已用塑料制成的猪槽代替。

2-98◆逻沙

中国语言文化典藏

2-96 ◆同乐

花背带 [xua³⁵pəi⁵⁵tai²¹³]

婴儿背带，一般绣有精美图案，故名。"高山汉"背孩子均采用后背式，"花背带"两边有宽而长的带子，带子从肩膀上方及腰部绕到身前系住，把婴儿固定在背上。超宽的肩带可以分担重量，背起来省力。背带上常绣有"岁岁平安""吉祥如意"等祝福语；有的还会加些银饰，据说可以辟邪。常作为"打三朝" [ta⁵³sã³⁵tʃau⁵³]（见图 7-43）的礼物，由婴儿母亲的娘家人赠送。

2-95 ◆同乐

2-103 ◆龙坪

尖刀 [tʃiɛ̃³⁵tau⁵⁵]

主要用于杀猪的刀具。刀身前端尖锐，中部较宽，后端较窄；短柄。旧时也常用来防身。

2-104 ◆逻沙

木等⁼等 ⁼[mu³¹tən⁵³tən⁵³]

劈柴时专用于垫在被劈木头下的原木。一般选用原木分叉部分制成，粗壮，上部平整；耐砍劈，斧子不易陷入。

2-101 ◆逻沙

篾截⁼截 ⁼[mɛ³¹tʃɛ³¹tʃɛ³¹]

用竹篾编的方形烤席。可以架到火盆或"炕"（见图2-33）上，用来烘烤香菇、木耳、瓜子、竹笋等食材。旧时是几乎家家必备的用具，但现今许多人家已不再使用"炕"，"篾截⁼截⁼"的使用也就日渐稀少了。

2-102 ◆逻沙

茶罐 [tʃʰa³¹kuã²¹³]

二件套的煮茶用具，下炉上罐，一般为陶制。旧时"高山汉"喜好喝茶的人并不多，只有一些家境较好的人家备有茶具，用于待客。煮的茶叶一般是自己采摘的苦丁茶。

猪笼 [tʃu³⁵loŋ³¹]

2-100 ◆逻沙

　　运送猪的笼子。用竹篾编制而成；网状，网口较大；略呈圆柱形，但一端略大，一端略小，大的一端可通过拉扯竹篾扩大网口，便于把猪塞入。根据盛装的猪的大小，可编制大小不一的笼子。"猪笼"做工简单，但结实耐用。

搁台 [kʰo²¹³tʰai³¹]

　　在房屋外墙临时钉的台板。在墙上钉两个支架，上架一块木板，用于放置一些室外日常使用的小物件。

2-105 ◆长朝

乐业

贰·日常用具

81

叁 · 服饰

　　"高山汉"居住在高海拔的山地，冬天寒冷，清晨屋檐会挂有冰锥；夏天却颇为凉爽。旧时，一年四季最常见的上衣是长袖的"唐装衣服"[tʰaŋ³¹tʃuaŋ³⁵i³⁵fu³¹]；无论男女，最常穿的裤子是大裆的"唐装裤"[tʰaŋ³¹tʃuaŋ³⁵kʰu²¹³]（见图3-3、见图3-4），以裤裆深、裤腰宽为特色。裤子的腰间一定要摺叠几层才能系紧，宽松肥大，不束缚身体，对于常年劳作的人来说，是极舒适方便的。"高山汉"喜欢素色，以蓝、黑、灰为主。虽然如此，但女装往往有镶边作为装饰。二十世纪七八十年代，妇女日常的服饰很有特色：头包彩色"头巾"[tʰəu³¹tʃin³⁵]（见图3-10）、身着"满襟衣"[mã⁵³tʃin³⁵i⁵⁵]（见图3-2）、手戴"手圈"[ʃəu⁵³tʃʰyɛ̃³³]（见图3-23）、脚穿绣花布鞋。儿童则常佩戴"帽福"[mau²¹³fu³¹]（见图3-21）、"银锁"[in³¹so⁵³]（见图3-22）。

　　"唐装衣服"虽有特点，但由于布料较薄，冬天不能御寒；又由于其为长袖，夏天穿着不够凉爽。所以，随着各种功能、各色花样的服装进入到"高山汉"的生

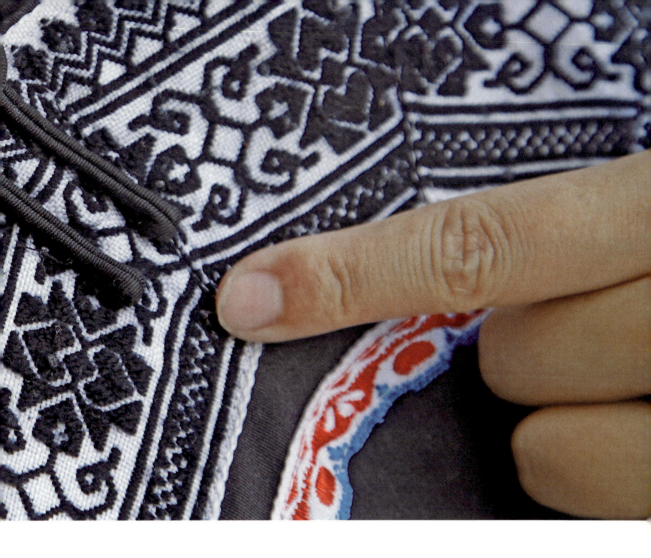

活，"唐装衣服"正逐渐被淘汰。当地的服饰，现今与全国大部分地方已无太大差异。只有红白喜事时，才能见到从四面八方赶来的亲戚穿着各色传统的"唐装衣服"，你才真正感觉到这是一片居住着"高山汉"的地域。抑或在县城、乡镇集市熙熙攘攘的人群中，偶尔遇见穿着传统服饰的老年妇女。

以前，"高山汉"没有专为他人做衣服的裁缝，要做新衣服时，人们就到商店买回布料，再让家中女子缝制。妇女们常常利用农闲做针线活，如缝制衣服、纳鞋底、绣鞋面、做鞋垫等。随着时代的发展，后来也出现了一些专门裁缝"高山汉"衣裤的人员。有"高山汉"居住的县份，县城往往就会有专营"高山汉"服饰的店铺。

旧时"高山汉"常用"斗篷"[toŋ⁵³pʰoŋ³¹]（见图3-8）遮雨，现已多被雨伞或质量更好的"广南斗篷"[kuaŋ⁵³lã³¹toŋ⁵³pʰoŋ³¹]（见图3-9）替代。

3-2 ◆同乐

3-1 ◆同乐

唐装衣服 [tʰaŋ³¹tʃuaŋ³⁵i³⁵fu³¹]

旧时成年人穿着的传统上衣。根据当地染布技术，以黑色、深蓝、白色为主。

男子传统上衣称为"对襟衣"[tuəi²¹tʃin³⁵i⁵⁵]（见图3-1）。两襟相对，故名。正前面正中有一列布扣，长袖。白色一般不外穿。年轻男子会在外衣内加穿白色衣服作为装饰。

妇女传统上衣称为"满襟衣"[ma⁵³tʃin³⁵i⁵⁵]（见图3-2），竖领、领小，向右开襟，滚边，长袖，使用布扣。现今已多为中老年妇女穿着，年轻女性穿着的大多是各种服装店售卖的成衣。

中国语言文化典藏

蓑衣 [so³⁵i⁵⁵]

旧时用棕叶制成的雨具。厚实,能像披风那样披在身上,与斗笠配合使用。领部有绳索,可系在穿戴者脖子上加以固定。蓑衣一般为家庭自制,商店也有售卖。二十世纪七十年代,化纤产品出现后,大量防水效果更好、更为轻便的雨具出现,蓑衣遂被弃用。

唐装裤 [tʰaŋ³¹tʃuaŋ³⁵kʰu²¹³]

旧时"高山汉"成年人穿着的裤子。腰带以布条制成,置于裤腰内。男裤(见图3-3)腰带两端露在裤腰外,可系紧。裤筒宽大,解手时把裤脚挽起即可。女裤(见图3-4)裤腰右侧开衩,腰带两端从开衩处露在裤腰外,可系紧。女裤比男裤窄。"唐装裤"现已基本无人穿着。

布扣子 [pu²¹kʰəu²¹³tsɿ⁵³]

　　布制的扣子。把布料裁成布条，编成细绳，对折后在对折处打结，"布扣子"就做成了；把另一根细绳对折后缝合，对折处的端口留有空洞，作为扣眼儿。二者成对使用。"布扣子"是"对襟衣"（见图 3-1）、"满襟衣"（见图 3-2）必不可少的部分。

襕⁼绀⁼ [lã³¹kã²¹³]

　　女性服装的花边。带状织物，主要用作各种女性服装的嵌条或镶边；有各种花纹图案，可起装饰作用。带此类花边的服饰多见于当地壮族女性服饰，"高山汉"也偶有使用，应该是受壮族影响所致。更多的"高山汉"服装，还是通过滚边的方式进行装饰。

斗篷 [toŋ⁵³pʰoŋ³¹]

斗笠，旧时用来遮挡阳光、雨水的用具。用竹篾编成，网状，圆盘形，双层；中部凸起，凸起部分比人的头部略大；下方一般系有细绳，便于固定。有的下方装有"斗篷圈"[toŋ⁵³pʰoŋ³¹tʂʰyɛ̃³⁵] 用竹篾编成的圆环，起固定作用。旧时一般在"斗篷"夹层中填充棕叶，用来防水，后用塑料布代替。现在"斗篷"基本已被防水效果更好、遮盖面积更大的雨伞取代。

广南斗篷 [kuaŋ⁵³lã³¹toŋ⁵³pʰoŋ³¹]

一种用竹篾编成的圆锥形斗笠。与通常的"斗篷"（见图 3-8）不同的是，其编细密，无夹层，无需填充棕叶或塑料布也可遮阳、遮雨。据说为广东出产，故名。

3-10◆同乐

头巾 [tʰəu³¹tʃin³⁵]

　　"高山汉"妇女习惯戴的头饰。一般用较厚的纺织品制成。头巾的材料，可以是自产的土布，也可以是买来的机制彩色大方巾；富裕人家的妇女则常用丝巾包头。当地妇女们常年在地里劳作，为了避免头部受太阳炙晒，同时也为了遮灰、保暖，所以习惯戴头巾。因常年戴头巾，头巾逐渐成为成年女性重要的头饰。

花帕子 [xua³⁵pʰa²¹³tsɿ⁵³]

　　用当地自产粗布做成的头巾。一般织有黑白格子，也有纯黑的。长约2米，宽约40厘米。作用与"头巾"（见图3-10）相同。

3-11◆同乐

3-12 ◆逻沙

3-13 ◆同乐

布鞋 [pu²¹³xai³¹]

一般指男性穿的布制鞋子，多为黑色。先做鞋底，将碎布浆十五、六层，晒干，按鞋样（见图 5-87）剪裁，最后用针线纳实。再做鞋面，按鞋样剪五层布料，用糨糊浆好晒干。最后把鞋面上部锁边与鞋底缝合在一起。由于不防水，穿着布鞋的人现已不多。

棕底绣花鞋 [tsoŋ³⁵ti⁵³ʃiəu²¹xua³⁵xai³¹]

用棕皮做底的女性穿着的绣花鞋。取棕树棕衣部分，反复搓揉取棕，然后叠两层棕用糨糊浆好晒干；按鞋样（见图 5-87）裁剪，再浆十来层布，晒干，最后用针线纳实。鞋面按样剪好，粘上剪好的纸花，依样绣上，所绣图案多为红花绿叶。其他工序与布鞋（见图 3-12）一致。

3-15 ◆同乐

机制毛线面鞋垫 [tʃi³⁵tʃɿ²¹mau³¹ʃiɛ̃²¹miɛ̃²¹³xai³¹tiɛ̃²¹³]

制作的第一道工序与制作布鞋（见图 3-12）鞋底相似，但厚度要比布鞋鞋底小得多，一般为六层布。将浆好晒干的布料剪样后贴上滚边，把毛线按各种花样粘在鞋垫上，最后用缝纫机缝合即可。

3-14 ◆同乐

九针颗布底绣花鞋 [tʃiəu⁵³tʃən³⁵kʰo⁵⁵pu²¹ti⁵³ʃiəu²¹xua³⁵xai³¹]

鞋底做法与布鞋（见图 3-12）基本相同，区别在于鞋底纳成九针一窝样式，因此比其他鞋底更为美观。鞋面做法与"棕底绣花鞋"（见图 3-13）相同。

绣花鞋垫 [ʃiəu²¹xua³⁵xai³¹tiɛ̃²¹³]

　　制作工序与"机制毛线面鞋垫"（见图 3-15）基本相同，也是用六层布制成，但剪样后用手工绣上花样，绣好后再用针线锁边，也可用布条包边。

中国语言文化典藏

草鞋 [tsʰau⁵³xai³¹]

　　用稻草或棕毛手工编制的鞋。用稻草编制的，不耐磨损；棕毛编制的，比较耐用（见图 3-17）。旧时家境稍好的人家一年四季无论晴雨均穿布鞋，但穷苦人家只能穿草鞋。现今已无人穿着。

3-20 ◆逻沙

裹脚带 [ko⁵³tʃio³¹tai²¹³]

新中国成立前缠裹腿脚的布带。在袜子进入"高山汉"生活之前，脚部及腿部的保暖主要依靠"裹脚带"。"裹脚带"一般用自家织的布制成，与手掌同宽，长约1.5米。使用时，男子从踝关节开始，往上裹到膝盖下端；旧时女子多为小脚，"裹脚带"一般要从脚尖裹到脚踝，脚跟部分不裹。现今已无人使用。

3-19 ◆逻沙

尖尖鞋 [tʃiɛ̃³⁵tʃiɛ̃⁵⁵xai³¹]

新中国成立前小脚女人穿的绣花鞋。因前端向上弯翘不着地，仅后大半部分有底，因此显得鞋头较尖，故名。制作工序与"朝鞋"（见图3-18）相同。现今已无人穿着。

3-18 ◆逻沙

朝鞋 [tʃʰau³¹xai³¹]

新中国成立前"高山汉"女子穿着的绣花鞋。因鞋前端一截悬空，也叫"半底绣花鞋"[pan²¹³ti⁵³ʃiəu²¹xua³⁵xai³¹]。因当时有裹脚的风俗，"朝鞋"一般比较小。制作工序与"棕底绣花鞋"（见图3-13）基本相同，区别在于"朝鞋"的鞋面是由分离的两片布料缝合而成。现今已无人穿着。

93

3-21 ◆同乐

帽福 [mau²¹³fu³¹]

　　两三岁的孩子佩戴的银制帽饰。顶部有四个银制的圆牌，上刻"长生保命"四字（图3-21 所示"帽福"，四个圆牌遗失两个）。中间为十个神像。左右两个圆牌代表太阳和月亮。下边有"猫爪响铃"[mau³⁵tʃua⁵³ʃiaŋ⁵³lin³¹]，其中必有一颗虎爪（"高山汉"称老虎为"大猫"[ta²¹mau³⁵]，因此"虎爪"即"猫爪"）。"帽福"缝在帽子上，孩子头一动，"猫爪响铃"就会发出清脆的铃声。"帽福"被当地人视为镇邪、辟邪之物，也起装饰作用。一般只传女儿，在女儿出嫁时被随身带走。

3-24 ◆同乐

镂铭手圈 [ləu³¹min³¹ʃəu⁵³tʃʰyɛ̃³³]

　　银制手镯。外圈雕有龙凤图案。一般为富裕人家的女性饰品。

3-26◆同乐

3-25◆花坪

绣花手机袋 [ʃiəu²¹xua³⁵ʃəu⁵³tʃi³³tai²¹³]

自己缝制的绣花口袋。用来装手机，相当于手机保护套。

钱口袋 [tʃʰiɛ̃³¹kʰəu⁵³tai²¹³]

皮包流行之前"高山汉"妇女自制的布袋。容量较大而且便宜，面料花色随人喜好。虽称为"钱口袋"，但所装物品多且杂，妇女的随身小物件往往都装在袋内。"钱口袋"是以前"高山汉"妇女赶集必备的用具。

手圈 [ʃəu⁵³tʃʰyɛ̃³³]

金、银、铜、玉等制成的手镯。"高山汉"妇女佩戴的"手圈"多为银制和铜制，一是因为价钱比金、玉便宜，二是据说这两种材质都能辟邪。

银锁 [in³¹so⁵³]

孩童佩戴的银制锁饰。"高山汉"认为银有辟邪保平安的功能，锁则有锁命的寓意，因此男孩女孩都要佩戴银锁。

3-22◆同乐

3-23◆同乐

    "高山汉"居住地区缺少水田,以玉米为主要粮食作物,同时栽种少量水稻、黄豆、红薯及油菜。农作物生产一年两季,冬天种植油菜,夏天种植玉米、水稻。旧时主食一般是玉米,大米逢年过节才能吃上。一般人家会养两三头猪,其中一到两头用来过年,年前宰杀后,将肉腊干,猪油熬好,俭省着能吃一年。养一二十只鸡,逢年过节或重要客人来了杀一只,剩余的都背到集市上出售,以换取资金购买盐、布匹等生活必需品。因此,旧时如家中来了客人,杀鸡、炖腊肉、煮一锅糯米饭,已经是最隆重的招待方式了。

    受壮族的影响,"高山汉"喜食酸食品,黄瓜和沙梨、桃子、李子、番石榴等水果都可以用来腌制酸食品。不过旧时一般家庭没有余钱给孩子买零食,孩子们嘴馋了,家里会根据季节自制一些零食,比如烧一两个玉米棒,腌一些酸菜。偶尔制作玉米饼、"粑粑" [pa³⁵pa⁵⁵](见图 4-8)、"米虫" [mi⁵³tʃʰoŋ³¹](见图 4-10)、"麻糖" [ma³¹tʰaŋ³¹](见

图 4-19）等，这些食物往往含糖，对孩子们来说已经是难得的享受了。

根据季节变化，人们会在"园子"（见图 1-58）里种上不同的蔬菜，冬天多是青菜，夏天则有黄瓜、南瓜、豇豆、四季豆等，种类不多。这些蔬菜总有吃腻的时候，这时人们会到山上采摘新鲜的野菜换换口味；偶尔也会做一些豆腐、一点米粉，或一锅"米豆腐"[mi⁵³təu²¹³fu⁵³]（见图 4-9），那都是难得的奢侈了。

现今的"高山汉"，生活水平比起以往已有很大的提高，饮食种类越来越丰富，对饮食质量的追求正逐步提高。不仅传统的腊肉、腊肠、"红薯粉"[xoŋ³¹ʃu³¹fən⁵³]（见图 4-12）、"芭蕉芋粉"[pa³⁵tʃiau⁵⁵y²¹³fən⁵³]仍是大家常吃的食品，以前不太食用的野菜如"五加皮"[u⁵³tʃia³³pʰi³¹]、"野芹菜"[ie⁵³tʃʰin³¹tsʰai²¹³]也成了大家争抢的美味；而受粤系食俗影响引进的"白斩鸡"[pɛ³¹tʃã⁵³tʃi³³]（见图 4-55）、"白斩鸭"[pɛ³¹tʃã⁵³ia³¹]，也成了"高山汉"餐桌上常见的菜肴。本部分所展现的琳琅满目的"高山汉"饮食正说明了这一点。

4-1 ◆同乐

□ [meŋ³⁵]

　　米饭的统称。吃饭叫作"吃□"[tʂʰi³¹meŋ³⁵]。旧时"高山汉"多种植玉米，主食一般是"苞米□"[pau³⁵mi⁵³meŋ³⁵]玉米碎粒煮成的饭，也叫"苞米饭"[pau³⁵mi⁵³fa²¹³]、"玉米饭"[y²¹³mi⁵³fa²¹³]。现在生活条件好了，绝大多数人家以大米为主食。

粉 [fən⁵³]

　　米粉。把陈米泡软磨浆，将米浆倒入专用的盘并摊开，放入锅中蒸片刻即可。蒸好的米粉可摊上调料（见图 4-53）卷食；也可切丝后加汤食用；甚至可以晒干，到需要食用时，用热汤泡一下即可。旧时"高山汉"每家每户都会做；但现在家庭自制的已不多见，多为机制后批发到粉店，食用者到店购买即可。多作为早餐。

4-3 ◆同乐

煮饭 [tʃu⁵³fã²¹³]

　　使米变熟的烹饪方式。传统方式是：用"鼎罐"（见图2-4）装米，加适量水，放在"三脚"上，下部烧火；米饭即将煮熟时，进行"□饭"[ʃin²¹fã²¹³]，即把"鼎罐"从"三脚"上取下，放在燃烧的火炭上，不时转动"鼎罐"，将米饭慢慢煨熟，可煨出一层软硬适中的锅巴。

炒粉 [tʃʰau⁵³fən⁵³]

　　将米粉放入油锅，加入酱油、碎肉、葱、鸡蛋、青菜等配料，大火翻炒，有米的醇香和爆炒产生的煎炸味道。可作为正餐食用，也可作为小吃、早点。

粑粑 [pa³⁵pa⁵⁵]

糍粑，一种扁圆状食品。把糯米蒸熟捣烂，加水和成面，便可"生粑粑"[ʃən³⁵pa³⁵pa⁵⁵]（见图 4-7），即将和好的糯米面掐成大小一致的面团，搓圆，然后一手持面团，一手沿边揉捏，直至使其成为圆饼状；也可在面团中包入用糖、芝麻等做成的馅料，再捏成饼状。过年的时候，每家都会做足量的"粑粑"，确保整个正月都能吃到，也确保有一定数量的"粑粑"作为礼品；"粑粑"还是定亲、结婚等喜事的必备礼品。"粑粑"冷却后会变硬，方便携带保存，可煎，可烤（见图 4-8），可切成颗粒炸成"麻蛋果"（见图 8-8），可与"甜酒"[tʰiɛ̃³¹tʃiəu⁵³]（见图 4-20）一起煮成"甜酒水"[tʰiɛ̃³¹tʃiəu⁵³ʃuəi⁵³]，是"高山汉"常吃的零食。

中国语言文化典藏

4-9 ◆同乐

米豆腐 [mi⁵³təu²¹³fu⁵³]

以大米为原料制成的外观像豆腐的食品。将陈米浸泡一天至一天半，捞出沥干，再加水磨成浆，煮熟，放入"豆腐箱"（见图 2-38）冷却后切割成豆腐形状备用。切成条状，配上以西红柿为主要原料的酸汤即可食用。可作为菜肴，也可作为主食。

4-5 ◆同乐

发糕 [fa³¹kau³⁵]

"高山汉"经常制作的小吃，以大米为主要原料。将大米浸泡一夜，磨浆、煮浆、"发浆"[fa³¹tʃiaŋ³⁵]将煮熟的浆泡一夜、发酵、加糖，然后倒入方形的蒸盘里蒸，蒸熟后切成块状即可。"发糕"松软不粘牙，微酸。

4-6 ◆同乐

发粑 [fa³¹pa³⁵]

用米浆蒸制的扁圆状食品。做法和发糕（见图 4-5）大致相同，只是蒸的环节不同。把"粑圈"（见图 2-30）放入锅中，上方搭一块白色粗布，锅内水烧开后，把发好的米浆倒入"粑圈"上的布内，蒸熟即可。图 4-6 所示"发粑"是以金属"粑圈"为工具制成的，故边缘光滑；传统"粑圈"由竹篾编成，制成的"发粑"边缘不光滑。

103

4-11 ◆同乐

4-14 ◆同乐

苞谷粑粑 [pau³⁵ku³¹pa³⁵pa⁵⁵]

以嫩玉米为原料制成的食品。"高山汉"把玉米称为"苞谷"[pau³⁵ku³¹]，故名。把嫩玉米脱粒，磨成浆，加糖和匀备用。把芭蕉叶洗净，折成圆锥形，在开口处倒入玉米浆，折好，放入烧沸的锅中蒸熟即可。做好的"苞谷粑粑"既有嫩玉米的清甜鲜香，又有芭蕉叶的独特香味。

豆腐 [təu²¹³fu⁵³]

"高山汉"每家每户都会做的食物。黄豆磨碎，去皮，浸泡半小时，磨成浆；把浆倒入"灶锅"，煮到微烫后滤渣，再煮浆，待浆水沸腾后，舀出点卤；在桶内盖10到20分钟，即成"豆腐花"[təu²¹fu⁵³xua³³]；再放入"豆腐箱"（见图2-38），压出多余的水分即成型。

红薯粉 [xoŋ³¹ʃu³¹fən⁵³]

以红薯为原料制成的食材。细长条状，晶莹剔透，形似粉丝，是当地极常见的食品。把红薯洗净磨浆，滤渣，置大桶内使浆沉淀后滤掉水分，把浆放入锅内蒸熟，揭下悬挂使之冷却，再切丝，最后悬挂使其干燥即可。也可按此法用"芭蕉芋"[pa³⁵tʃiau⁵⁵y²¹³]一种根部形似芋头的淀粉作物制作"芭蕉芋粉"，但"芭蕉芋粉"呈金黄色，与"红薯粉"的色泽不同。因"红薯粉"耐储存，常常成为人们馈赠亲友的礼品。

4-12 ◆同乐

4-15◆甘田

4-13◆同乐

菜豆腐 [tsʰai²¹təu²¹³fu⁵³]

豆腐脑儿。可直接食用。用来压成豆腐的豆浆叫"豆腐花"。

烧苞谷 [ʃau³⁵pau³⁵ku³¹]

用炭火烘烤嫩玉米，熟后可食。是当地十分受欢迎的小吃。

4-16◆甘田

4-10◆同乐

和渣 [xo³¹tʃa³⁵]

当地常见的豆制食品，与未经滤渣的"豆腐花"相似。黄豆磨碎，去皮，浸泡半小时，磨成浆，把浆煮开后慢慢加入米醋，待浆沉淀，停火加盖儿焖十来分钟即可食用。食用时常配以薄荷及自制的番茄酱。

米虫 [mi⁵³tʃʰoŋ³¹]

一种虫状的米制食品，也叫"虫"[tʃʰoŋ³¹]。做法与"米豆腐"（见图4-9）基本相同，将米浆煮熟后放入"米虫筛"[mi⁵³tʃʰoŋ³¹ʃai³⁵]制作"米虫"的孔洞较大的筛子，把浆从"米虫筛"上的孔洞中挤压到冷水中，米浆滴落在冷水中凝固成虫状，一头粗一头细，捞起备用。把糖水煮沸，冷却后倒入"米虫"即可食用。是夏季常见的小吃。

老渣 [lau⁵³tʂa³³]

豆腐渣。以前一般用来喂猪，人偶尔食用。现今人们常将其配以西红柿炒制成风味独特的菜肴。

胡瓜子 [fu³¹kua³⁵tsɿ⁵³]

南瓜子。南瓜，"高山汉"称"胡瓜"，故名。晒干的"胡瓜子"可生食，也可炒食，是很受欢迎的日常小吃。聊天儿、看电视时，嗑瓜子是常见的助兴方式。

中国语言文化典藏

4-20◆同乐

4-19◆同乐

甜酒 [tʰiɛ̃³¹tʃiəu⁵³]

江米酒，"高山汉"常备小吃。用蒸熟的糯米拌上酒曲发酵而成，味甜，略有酒味。一般直接食用，也可以放入鸡蛋、糍粑，加水煮沸食用。

麻糖 [ma³¹tʰaŋ³¹]

麦芽糖，用稻谷制成。将谷子浸泡使其发芽，待芽长到二寸，取下晒干；把谷芽春成粉末，把玉米磨成粗粉，两者一起浸泡一至两小时，再磨成浆。煮浆至水开，放置约八小时，使其发酵；滤渣取浆，把浆熬成糖浆，待浆冷却凝固，套到竖起的棒子上不停拉扯捣捶，约一小时即成。

灌三角豆腐 [kuã²¹sã³⁵ko³¹təu²¹³fu⁵³]

把馅儿灌入豆腐的做法。这种做法的豆腐呈三角形，所以叫"三角豆腐"[sã³⁵ko³¹təu²¹³fu⁵³]，也叫"豆腐角角"[təu²¹³fu⁵³ko³¹ko³¹]，是"高山汉"逢年过节及婚庆必备的一道家常菜。"三角豆腐"的原料有豆腐、大葱、猪肉等。"灌三角豆腐"一般的做法是先将豆腐按对角线切成两半，均呈三角形；再在边长长的一面挖口，灌入馅儿；最后煎至焦黄，成品外焦里嫩。如需要制作的数量较大，可以先把豆腐切好，炸至焦黄再灌馅儿，最后直接蒸熟，但味道不如前一种做法。

4-18◆同乐

4-26 ◆同乐

4-25 ◆同乐

酸藠头 [suã³⁵tʃiau²¹³tʰəu³¹]

用藠头腌制的酸食品。藠头晾晒一两天，洗净后放入坛中，无需加水，密封腌制二十天左右即可。整个藠头腌制的"酸藠头"多作为小吃，也可佐餐，因极酸，食用前一般加糖。还有一种"酸藠头"是主要用作配菜、偶尔拌糖作为小吃的，做法的区别是：放入坛中密封前要与辣椒搅拌后舂碎。

酸萝卜 [suã³⁵lo³¹pu²¹³]

用萝卜腌制的酸食品。萝卜洗净切片，放少许食盐拌匀，晾晒至微软，放入陶坛，加少许辣椒，在清水中浸泡，密封二至三周即可。可作为小吃，也可佐餐。因食材易得，是当地常见的酸食品。

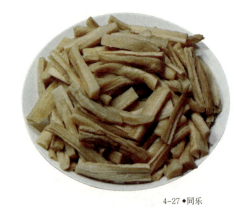

4-27 ◆同乐

4-24 ◆同乐

萝卜干 [lo³¹pu³¹kã³⁵]

先晒后腌的萝卜条。萝卜洗净切条，用适量食盐揉捏至软，晒至半干，放入空坛密封腌制一两周即可。一般只用于配菜或佐餐，较少用作小吃。

酸牛柑果 [suã³⁵n̠iəu³¹kã³⁵ko⁵³]

用油柑腌制的酸食品。当地人把油柑称为"牛柑果"，故名。做法与酸沙梨（见图4-23）大致相同，但"牛柑果"本身没有甜味，因此腌制时常加入白糖。只作为小吃。

4-23 ◆同乐

4-22 ◆同乐

酸沙梨 [suã³⁵ʃa³⁵li³¹]

用当地产的沙梨腌制的酸食品。将沙梨在阳光下晒至微软，洗净放入陶坛（也可切块），加少许辣椒，用清水浸泡，密封十来天即可。成品酸中带甜，口感也由爽脆变得偏软。只作为小吃。同样的做法，可制作"酸桃子" [suã³⁵tʰau³¹tsʅ⁵³]、酸李果 [suã³⁵li⁵³ko⁵³] 李果：李子。

酸黄瓜 [suã³⁵xuaŋ³¹kua³⁵]

用黄瓜制成的凉拌食品。壮族有食用酸东西的喜好，"高山汉"长期与壮族杂处、交往，也形成了食用酸食品的习惯。"酸黄瓜"的做法很简单，将黄瓜切片，加适量醋、糖、辣椒面儿拌匀即可。成品酸甜可口，且带有黄瓜的鲜脆爽口。因为黄瓜易得，所以是当地最常见的酸食品。可作为小吃，也可佐餐。

4-28 ◆同乐

4-29 ◆同乐

鸡屎果酸 [tʃi³⁵ʅ⁵³ko⁵³suã³³]

用番石榴制成的凉拌酸食品。当地人认为成熟的番石榴有类似鸡屎的气味，所以把它叫作"鸡屎果" [tʃi³⁵ʅ⁵³ko⁵³]。"鸡屎果酸"的做法很简单，将番石榴切块，加入适量盐、醋、糖、辣椒面儿拌匀即可。只作为小吃。同样的做法，可制作"芒果酸" [maŋ³⁵ko⁵³suã³³]。

西瓜酸 [ʃi³⁵kua⁵⁵suã³⁵]

切好片用于售卖的西瓜。"西瓜酸"不加任何作料，切片即成，故没有酸味，但因常在"酸摊" [suã³⁵tʰã⁵⁵]（见图5-109）售卖，人们觉得它与各种酸食品同类，所以把它叫作"西瓜酸"。同样的做法，可制作"菠萝酸" [po³⁵lo³¹suã³³]。

109

4-30 ◆长朝

弄菜 [loŋ²¹tsʰai²¹³]

烹制菜肴。传统的"弄菜"过程都在"火间"（见图 1-11）里的"火埠"（见图 1-12）上进行，但需要烹制的菜肴较多时，则常需借助可移动的炉子。

炒黄瓜 [tʃʰau⁵³xuaŋ³¹kua³⁵]

以黄瓜为主要原料炒制的菜肴。乐业本地产的黄瓜瓜肉为白色，"高山汉"常用这种黄瓜制作菜肴。把黄瓜洗净切片，热油下锅，炒至七八成熟，再加入切好的西红柿、辣椒、盐，焖几分钟，起锅前翻炒拌匀即可。

4-33 ◆同乐

4-32 ◆同乐

四季豆煮胡瓜坨 [sɿ²¹tʃi⁵⁵təu²¹³tʃu⁵³fu³¹kua³⁵tʰo³¹]

　　四季豆和嫩南瓜一起炖制的菜肴。四季豆抽丝洗净并掐头去尾，嫩南瓜切块备用，在锅中加入能没过食材的水，烧开，把豆倒入锅中，上覆南瓜块儿，加入油、盐，中火炖熟。该菜肴原汁原味，汤汁清甜，颇受"高山汉"喜爱。如原料中的四季豆换成更软的豇豆，可烹制成更加入味的"豇豆煮胡瓜坨"[kaŋ³⁵təu²¹tʃu⁵³fu³¹kua³⁵tʰo³¹]。

瓜苗汤 [kua³⁵miau³¹tʰaŋ³³]

　　用南瓜"瓜苗"[kua³⁵miau³¹]^{南瓜嫩茎、叶、芽等的统称}煮的汤。当地壮族常以南瓜"瓜苗"烹制菜肴，这种食俗也为"高山汉"所接受。除嫩芽外，烹制前需将南瓜的嫩茎表皮、瓜叶叶脉剥掉。"瓜苗"可炒食或煮汤，尤以煮汤为常。南瓜在当地极易种植，且"瓜苗"可采摘的时间长达大半年，所以是"高山汉"最常食用的蔬菜。

鸡嘎⁼[tʃi³⁵ka⁵³]

　　鸡肉。肉，"高山汉"多称为"嘎⁼"[ka⁵³]。当地最常见的烹饪鸡肉的方法是将鸡肉切块放入碗中，加姜、盐、料酒腌制几分钟，热油下锅，炒至微黄，加入适量水，大火煮沸，然后调至中火，加入花椒炖几分钟即可起锅。汤味鲜美，鸡肉入味。

4-34 ◆同乐

4-31 ◆同乐

111

糖嘎 $^=$[tʰaŋ³¹ka⁵³]

　　甜猪肉。一般是逢年过节或婚庆才制作的菜品。肥猪肉切片，加入白糖、适量水，文火炖至肉质软烂即可。成品晶莹透明，甜而不腻，入口即化，适合缺牙的老人食用。因以白糖为主要作料，故名。

4-35◆同乐

4-37◆同乐

炒黄洞 $^=$**菌** [tʃʰau⁵³xuaŋ³¹toŋ²¹tʃyn²¹³]

　　以"黄洞 $^=$菌"[xuaŋ³¹toŋ²¹tʃyn²¹³]为主要食材炒制的菜肴。这种菌生长在腐朽的树木上，菌味鲜香，是当地著名食材之一；一年四季均有生长，8到10月最多，在雨后阴湿的山沟里常可见到；现已多为人工种植。"炒黄洞 $^=$菌"的做法是：将几粒拍碎的蒜头放入热油中煎出香味，放入"黄洞 $^=$菌"炒熟，加盐、酱油，炒匀即可。"炒黄洞 $^=$菌"一般不配肉或其他作料，取其原味。这种菌也可用来煮汤。

炒甜笋 [tʃʰau⁵³tʰiɛ̃³¹sən⁵³]

　　以甜笋为主要食材炒制的菜肴。多与"腊嘎 $^=$"[la³¹ka⁵³]腊肉（见图4-46）一起炒制，所以也叫"腊嘎 $^=$炒甜笋"[la³¹ka⁵³tʃʰau⁵³tʰiɛ̃³¹sən⁵³]。甜笋是当地特产，其味甘甜，故名。甜笋去壳，洗净，切片备用；腊肉洗净切片，放入锅中，加适量水，用中高火炖软；再把笋片覆盖在腊肉上蒸，待水干腊肉出油后翻炒即可。

4-36◆同乐

4-38 ◆同乐

魔芋豆腐 [mo³¹y²¹təu²¹³fu⁵³]

以魔芋为原料制成的形似豆腐的菜品。将魔芋切碎后和水磨成浆,把浆煮熟,放入澄清的石灰水中拌匀,待冷却凝固,切成豆腐块状即成。食用时先切丝,用开水焯,去除魔芋所含毒素,然后加入西红柿炒制即可。

牛干巴 [ȵiəu³¹kã³⁵pa⁵⁵]

腊牛肉。每年秋冬时节,当地人会选取肥壮肉牛的后腿等部位,辅以适量食盐、花椒等作料,搓揉、腌渍、晾晒、熏干,制成"牛干巴"。烹饪时先将肉锤打松软,再切片,最后和姜丝煎炒即可。

4-39 ◆花坪

4-40 ◆同乐

豆豉粑 [təu²¹ʃɿ³⁵pa⁵⁵]

豆豉。将黄豆放入锅中,炖软直至水干;在箩筐底垫上专用的"豆豉叶"[təu²¹ʃɿ³⁵iɛ³¹],把炖好的黄豆捞出,冷却后捏成糍粑状,放入筐内,上盖豆豉叶,压紧,发酵三天;倒出阴干两三天,加入辣椒、香料、姜、花椒拌匀即可。可以放入坛里密封留存,往往可食用一年。主要用作配菜。

4-41◆同乐

酸菜 [suã³⁵tsʰai²¹³]

　　用青菜等蔬菜腌制的菜品。把青菜心用开水烫熟，捞出放入盆内压紧，再把烫青菜的水倒入盆中，密封四五天即成。酸菜多炒食，炒制时先清洗，挤干，加盐用中火慢慢炒干，最后加入食用油炒匀即可。旧时人们常把自家种植的芥菜制成酸菜存储；现今腌制酸菜主要是为了更换口味，原料扩展到白菜、萝卜叶、上海青等蔬菜。

瞟=嘎=[pʰiau⁵³ka⁵³]

　　处理猪肉的常见方式。先用火把猪皮上的毛烧掉，烧的同时会使猪皮外层焦黑；再用热水把皮上黑的一层泡软，用刀刮掉。经过这种方式处理的猪肉，无论再采用哪种方式烹煮，都会带有烤肉的香味。

4-42◆逻沙

腊肠 [la³¹tʂʰaŋ³¹]

　　球形香肠。当地把广式烧卤中的烧肠叫作"腊肠"，当地人觉得这种食品与广式烧卤的烧肠相似，所以把它叫作"腊肠"。和各地腊肠不同，"高山汉"的"腊肠"并非腊制，其制法是：把肥瘦参半的猪肉切成碎块，拌入自制香料、适量食盐，灌入猪小肠，用绳子束成小段，每段呈球形，放入油锅炸熟食用。

酸糟鸭 [suã³⁵tsau⁵⁵ia³¹]

　　当地特色菜肴之一。整鸭切块，加盐、酒腌制几分钟，使之入味，入油锅大火炒黄，再加入适量酸藠头，加水焖熟即可。也可加水炖煮。

炖猪头肉 [tən²¹tʂu³⁵tʰəu³¹ʐu³¹]

　　猪头肉入锅，加入适量盐、姜、酒，炖煮至微烂，取出切块，入油锅炒至水干即可上桌食用。特点是酥烂可口。

乐业

肆·饮食

腊嘎 ⁼[la³¹ka⁵³]

腊肉。制作腊肉是"高山汉"保存猪肉的重要方式之一。猪肉经"揽⁼肉"[lã⁵³ʒu³¹]（见图8-19）后取出挂在"炕"（见图2-33）上烘烤至干燥即成。食用时用火将肉皮烧焦，洗净，可切片炒，也可炖制。旧时多为杀年猪时制作，可存储很长时间，为"高山汉"一年四季最主要的肉食来源。现已不限于杀年猪时制作。

4-46 ◆同乐

4-49 ◆同乐

炒野芹菜 [tʃʰau⁵³iɛ⁵³tʃʰin³¹tsʰai²¹³]

野芹菜是当地常见的野菜。将洗净的鲜嫩野芹菜切碎，入油锅，加适量食盐炒熟即可。

风肠 [foŋ³⁵tʃʰaŋ³¹]

腊肠。制作"风肠"是"高山汉"保存猪肉的重要方式之一。把肥瘦参半的猪肉切丁（不剁），拌入草果、八角、茴香、沙姜、花椒等制成的香料（每10斤肉约配2.5两香料）和适量食盐，灌入猪小肠，用绳子束成约50厘米长的多段，悬挂于"炕"（见图2-33）上烘干。食用方法一般为：取下洗净，煮饭时置于饭上蒸熟后切片即可。"风肠"是旧时杀年猪时必制食品，可存储很长时间。现今制作时间已不限于杀年猪时。

4-47 ◆同乐

4-50◆同乐

炒牛尾苔 [tʃʰau⁵³n̠iəu³¹uəi⁵³tʰai³¹]

"牛尾苔"[n̠iəu³¹uəi⁵³tʰai³¹]一种末梢像牛尾的野菜只能生长在长年流水的沟渠旁，目前无法人工种植，加之其嫩芽清香脆甜，没有异味，是珍贵的野生食材，为"高山汉"所珍爱，也是当地其他民族喜爱的食材。一般的做法是：将"牛尾苔"切碎，炒至七成熟，加入鸡蛋液和盐，炒熟即可。也可将"牛尾苔"碎末与鸡蛋液、盐搅拌均匀，将油烧热，用文火煎成饼状。

炸鱼片 [tʃa²¹³y³¹pʰiɛ̃²¹³]

当地常见的家常菜。鱼切块，加姜、酒、盐、酱油腌好，放入油锅炸至焦黄，即可食用。

4-51◆同乐

4-48◆同乐

炒五加皮 [tʃʰau⁵³u⁵³tʃia³³pʰi³¹]

乐业出产的野菜极多，以"五加皮"[u⁵³tʃia³³pʰi³¹]一种可做中药的野菜，味辛、苦最为著名。"五加皮"适合清炒：将洗净的"五加皮"嫩芽倒入油锅，加适量食盐炒熟即可。"五加皮"虽为当地特产，但产量不高，因此"炒五加皮"仅为"高山汉"餐桌偶见的菜肴。为满足市场需求，现今已经有人工种植的"五加皮"上市，但因产量不高，售价较高。

4-52◆同乐

蘸水 [tʃan²¹³ʃuəi⁵³]

　　由多种调味料调制而成的酱汁，用来蘸菜吃。根据需要把适量调味料和汤料混合即可。常用的调味料主要有盐、味精、鸡精、辣椒、蒜泥、姜末、葱花、香菜、花椒、酱油等；"高山汉"栽种的味酸的小番茄、味酸的野果，也常作为"蘸水"的原料。

卤水 [lu⁵³ʃuei⁵³]

　　与米粉拌食的汁，多以西红柿为主加水及油盐等作料制成。依各人喜好，可将米粉拌"卤水"食用，这种做法叫"干捞粉" [kã³⁵lau³⁵fən⁵³]；也可在米粉中加入"卤水"后，再加入汤食用。

4-54◆同乐

中国语言文化典藏

4-53◆同乐

调料 [tʰiau³¹liau²¹³]

米粉的配菜。粉店中常备的"调料"有香菜、葱花、各种制法的辣椒小料（辣椒酱、酸辣椒、辣椒油、干辣椒等）、酸藠头（用作配菜）、酸笋、炒黄豆、豆豉等。食用米粉需要加"调料"拌食，食客可根据自身喜好自行添加。

4-55◆同乐

白斩鸡 [pɛ³¹tʃã⁵³tʃi³³]

受粤系食俗影响而进入"高山汉"食谱的菜肴。当地人喜欢选用本地产的土鸡为原料，一般选择新鲜肉嫩的活鸡现杀制成。将整鸡置入锅内，加足水，加入适量食盐、姜、酒煮好，取出切块拼盘即可。讲究者会将切好的鸡肉仍拼成整鸡模样，所以制作白斩鸡还需要有较好的刀工。且火候必须精准，鸡肉煮至刚刚断生为宜——火候不够，鸡肉腥味重、口感硬；时间过长，味道流失，口感也会逊色许多。与"高山汉"传统菜肴相比，白斩鸡味道相对清淡，一般蘸"蘸水"（见图 4-52）食用。白斩鸡常常用来祭祖。同样的做法，可烹制"白斩鸭"[pɛ³¹tʃã⁵³ia³¹]。

　　旧时"高山汉"认为干活无非是为了生存，所以把活儿叫作"活路"[xo³¹lu²¹³]，把干活儿叫作"做活路"[tso²¹³xo³¹lu²¹³]。由于田地大多在山坡上，把下地干活儿叫作"上坡"[ʃaŋ²¹pʰo³⁵]（见图5-12）。他们在石头窝里填土种粮食，粮食作物以玉米为主，水稻为辅，间种黄豆、豇豆、四季豆等一些豆类。由于土地不多，人们往往要到离居住地较远、土地稍多的地方开辟田地。有的田地缺乏水源，灌溉主要依靠雨水，被称作"干水田"[kã³⁵ʃuəi⁵³tʰiɛ̃³¹]（见图5-2）；部分田地有固定水源灌溉，被称作"饱水田"[pau⁵³ʃuəi⁵³tʰiɛ̃³¹]（见图5-1）。也有部分"高山汉"生活在土山地区，他们把坡地开辟成梯田，梯田为水田的称为"梯子田"[tʰi³⁵tsɿ⁵³tʰiɛ̃³¹]，为旱地的称为"台台土"[tʰai³¹tʰai³¹tʰu⁵³]（见图5-6）。

　　总体来说，"高山汉"的农具与平原地区差别不大，但为了适应环境和地形，也发展出一些有特色的工具，如"马箩箩"[ma⁵³lo³¹lo³¹]（见图5-51）、"苞谷箩箩"[pau³⁵ku³¹lo³¹lo³¹]（见图5-45）、"弯刀"[uã³⁵tau⁵⁵]（见图5-52）等。

　　"高山汉"居住地石头多，树木多，人们利用这些资源，制作石雕、木制工具、竹编器具，所以"崖匠"[ŋai³¹tɕiaŋ²¹³]、木匠、篾匠在不少村寨都能见到，制作、修理铁器的铁匠在很多村寨也存在。由于地处山区，旧时还常通过打猎、饲养牛羊获取肉食，但随着时代的发展，打猎的行为已不存在。不少人家还自行蒸酒、制茶。

　　当地商业不算发达，除了县城有比较稳定的商业活动，乡镇主要依靠"场坝"[tʂʰaŋ³¹pa²¹³]（见图5-103）。"高山汉"把赶集叫作"赶场"[ka̠⁵³tʂʰaŋ³¹]，是他们用自己生产的农产品换取生活必需品的主要方式。由于多售卖农产品，所以"场坝"内以地摊为主。旧时由于居住分散，交通不便，且日常用具多就地取材，自己制作加工，商品流通不多，"赶场"频率不高，一般六天一次。随着社会发展，商品流通大大加快，现在一般三天一次。

　　由于山高路远，旧时"赶场"及运输，除了人力就得依靠畜力。所以，山道上、"场坝"边，常常能看到驮着各种货物的马帮。

5-2 ◆大土

干水田 [kã³⁵ʃuəi⁵³tʰiɛ̃³¹]

没有稳定水源,仅靠雨水灌溉的田,也叫"望天田"[uaŋ²¹tʰiɛ̃³⁵tʰiɛ̃³¹]。因土地匮乏,有的"干水田"甚至开在山顶。耕种季节,要先将"干水田"里的土翻好耙平,整理好引水沟渠,一旦天降大雨,就得即刻赶上牛、背上耙,到田里耙田,然后才可以插秧。

饱水田 [pau⁵³ʃuəi⁵³tʰiɛ̃³¹]

开辟在泉水、溪流、小河边上,一年四季均有水源的田。部分"饱水田"虽在山上,但也有山泉水可供灌溉,只是水量比平地的"饱水田"小,多用来育秧。"高山汉"多居住在石山地区,"饱水田"不多。

5-1 ◆新化

秧田 [iaŋ³⁵tʰiɛ̃³¹]

用于培育秧苗的田。在秧田播种育苗，秧苗长到一定高度，再移栽到水田。秧田必须有稳定的水源灌溉，以确保在缺少雨水的情况下可以提前准备稻秧。

田坝 [tʰiɛ̃³¹pa²¹³]

有河水灌溉且平整相连的面积较大的水田。当地的"田坝"不多，部分"高山汉"拥有的"田坝"是新中国成立前富裕人家向居住在平地的壮族买来的。

乐业

伍·农工百艺

125

5-8◆火畲

崖窠土 [ŋai³¹kʰo³⁵tʰu⁵³]

在石头和泥土混杂的山地间开辟的土地。因石多土少，
石头无法完全清除，故多种植对土质要求不高的玉米。

梯田 [tʰi³⁵tʰiɛ̃³¹]

像阶梯的农田。又分水田和旱地，水田叫"梯子田"（见图 5-5），旱地叫"台台土"（见
图 5-6）。"梯子田"是在起伏不大的土山上依山势开辟出的层层叠叠的水田，因形似层层向
上的石梯，故名。

5-5◆新化

台台土 [tʰai³¹tʰai³¹tʰu⁵³]

在石山上用石头垒坎填土，做成阶梯形状的耕种用地。垒起的坎叫"台台" [tʰai³¹tʰai³¹]，旱地叫"土"，故名。有的"台台土"从最底层到最高层有几十级，可从山脚一直延伸到山顶。

坨土 [tʰo³¹tʰu⁵³]

用石山之间一些较平整的洼地开辟成的耕种用地。根据面积的大小，可依次分为"大坨土" [ta²¹³tʰo³¹tʰu⁵³] 五到八亩、"小坨土" [ʃiau⁵³tʰo³¹tʰu⁵³] 三四亩、"窝坨土" [uo³⁵tʰo³¹tʰu⁵³] 一两亩。

乐业｜伍·农工百艺

127

坡坡土 [pʰo³⁵pʰo⁵⁵tʰu⁵³]

在山势不太陡的整座土山上开辟的耕地。旱地，多种植玉米等耐旱的作物。"高山汉"把不陡的土山叫作"坡坡"[pʰo³⁵pʰo⁵⁵]，故名。

上坡 [ʃaŋ²¹pʰo³⁵]

下地干活。"高山汉"居住在山地，田地多在坡上，所以无论往上走还是往下走，只要是下地干活都称为"上坡"。

5-10 ◆新化

5-11 ◆新化

挖土 [ua³⁵tʰu⁵³]

用锄头松土。较陡的土坡、零碎不成块的耕地以及石山上的耕地不能用牛犁，只能用锄头把土挖松。

堰沟 [iɛ̃²¹kəu³⁵]

在田边开出的沟。用于种植水稻时的导水灌溉。

铲田坎 [tʃʰuã⁵³tʰiɛ̃³¹kʰã⁵³]

种田前整理田间杂草的一道程序。把田坎上的杂草铲下集中，烧成草木灰，并把草木灰还田。

枷牛 [tʃia³⁵ŋəu³¹]

把"枷档" [tʃia³⁵taŋ⁵³]犁的上半部件挂到牛脖子上。"枷牛"后即可"犁土"（见图 5-14）、"犁田"。

中国语言文化典藏

耙泥巴 [pʰa³¹n̩i³¹pa³⁵]

种田前整平水田的一道程序，也叫"打平耙"[ta⁵³pʰin³¹pʰa³¹]。用机械耙的水田粗糙且不平整，种田前需用"哈⁼泥耙"[xa³⁵n̩i³¹pʰa³¹]（见图5-62）把田耙平整。

犁土 [li³¹tʰu⁵³]

将牛套犁给平整的旱地松土。这是旱地耕种的第一道程序，牛犁过的地土块仍较大，还需用锄头把土块敲碎敲松，把地整理平整。"犁土"多用黄牛，偶用水牛，但水牛不耐寒，难以过冬。如果是将牛套犁给水田松土，则称"犁田"[li³¹tʰiɛ³¹] 水田耕种的第一道程序，待田内有水灌溉即可耙田；水田犁过之后，放掉田中水，把泥耙烂，则称"打田"[ta⁵³tʰiɛ³¹]。水田一般要耙两轮，第一轮为"老涩田"[lau⁵³pã⁵³tʰiɛ³¹]，用的耙耙齿较长，田耙得比较粗糙；第二轮是在插秧前再用"栽秧耙"[tsai³⁵iaŋ³⁵pʰa³¹] 齿短的耙耙一次，把田耙平整，然后就可以栽秧了。

5-18◆新化

掏畦畦 [tʰau³⁵kʰuəi³¹kʰuəi³¹]

在秧田中推出平整的畦，以便管理，也叫"起畦"[tʃʰi⁵³kʰuəi³¹]。这样一来，进行播种、喷药、下肥等工作时就可以在畦间沟中行走。

插秧 [tʃʰa³¹iaŋ³⁵]

将秧苗栽插入水田。育种的时候水稻比较密集，不利于生长，经过人工移植，可以让水稻有更大的生存空间。近年也有人采用"抛秧"[pʰau³⁵iaŋ³⁵]的方式，即手持秧苗抛入田中，因根部沾泥，一般较重，秧苗落下后根部朝下，扎入田中。"抛秧"比插秧省时，更轻快。但有些秧苗根部无泥，而且采用"抛秧"栽种的秧苗不整齐，所以"抛秧"未能完全取代插秧。插秧和"抛秧"两种方式都有人使用。

5-20◆新化

中国语言文化典藏

上田坎 [ʃaŋ²¹³tʰiɛ̃³¹kʰã⁵³]

锁住田水的程序，也叫"敷田坎"[fu³⁵tʰiɛ̃³¹kʰã⁵³]。用钉耙把田里的稀泥扒到田坎上糊好，以防止田水漏掉。

下秧 [ʃia²¹iaŋ³⁵]

在秧田育种。"高山汉"居住地气温较低，一般只种一季稻，一般每年5月播种。

乐业
｜
伍·农工百艺

摘糯米 [tʃɛ³¹lo²¹³mi⁵³]

收割糯稻。糯稻的收割方式与一般稻谷有区别，需用"摘子" [tʃɛ³¹tsɿ⁵³]（见图 5-56）把糯稻穗带秆整齐地掐下。掐下的糯稻秆还有扎扫把、捆扎粽子等用途，为便于后续的加工，收割糯稻时要尽可能使糯稻秆整齐划一。

放粪 [faŋ²¹fən²¹³]

按传统的施肥方式给水田施放粪肥。"高山汉"把粪肥叫作"粪"，故名。

壅肥料 [ŋoŋ³⁵fəi³¹liau²¹³]

防止已施加的化肥流失的程序，多用于玉米。做法是：铲除作物周围的杂草，在作物根部培土，用泥把化肥盖起来。这样，既能防止化肥流失，又能使遮盖化肥的泥土加固作物。

割谷子 [ko³¹ku³¹tsɿ⁵³]

收割稻谷。用伐镰把稻秆从根部割下，分小堆放置，以备脱粒。

簸苞谷 [po⁵³pau³⁵ku³¹]

用簸箕（见图5-40）去除玉米脱粒后含有的杂质。双手端住簸箕并抖动，让风和操作者的吹动，把轻的杂质吹出去，较重的玉米粒则留在簸箕内。如果是把舂好的谷粒用簸箕去除谷糠和杂质，则称"簸米" [po⁵³mi⁵³]。

收苞谷 [ʃəu³⁵pau³⁵ku³¹]

收玉米。一般的做法是，把玉米棒从玉米秆上掰下，扔到背上的"背篼"（见图5-50）内。有的地方是从仍竖立的玉米秆上收取，也有的是先把玉米棒上方的部分砍掉再收取。

簸谷子 [po⁵³ku³¹tsʅ⁵³]

用"风簸"[foŋ³⁵po⁵³]（见图 5-64）分离出谷子。稻谷脱粒后，会杂有部分谷壳及其他杂质，这些东西相对谷粒来说比较轻。将脱粒后的谷子从"风簸"上方的斗口倒入，启动"风簸"，"风簸"产生的"风"一吹，就能把谷子和谷壳、杂质有效分离开。

5-27 ◆ 新化

抹苞谷 [ma³¹pau³⁵ku³¹]

手工给玉米脱粒。一般左手持握玉米棒，右掌拇指指腹顺着玉米行缝用力揉搓，可把玉米粒一行一行揉搓下来。常常多人一同进行，一边"抹苞谷"，一边谈天说地。

5-26 ◆ 逻沙

5-31 ◆ 平河

薅秧 [xau³⁵iaŋ³⁵]

用脚趾给稻田除草。用脚在田里探索，用脚趾拔除稗和杂草，无法拔除的则踩入泥里，并把根植不正的秧苗扶正。"薅秧"还能起一定的施肥作用。从"下秧"（见图5-19）起，"薅秧"一般会进行三次。

晒谷子 [ʃai²¹³ku³¹tsʅ⁵³]

把刚收下的谷子晒干。以前没有水泥地的时候，一般是垫一张大的"晒席" [ʃai²¹ʃi³¹]^{用来铺放粮食等物品以进行暴晒的大席子，一般为竹篾编制}或放一个大的"窑箱" [iau³¹ʃiaŋ³⁵]（见图5-48），将谷子铺在上面晒；现在一般在水泥地上晒。晒谷子时要适时用耙子翻动，以确保谷子晒得均匀。也可以用同样的方式晒玉米，称"晒苞谷" [ʃai²¹pau³⁵ku³¹]。

5-32 ◆ 新化

薅草 [xau³⁵tsʰau⁵³]

用"薅锄"[xau³⁵tʃʰu³¹]（见图5-37）给庄稼除草。一般要给庄稼除两次草，如玉米，在其长出两三片叶子时进行第一次除草，长到齐腰高时进行第二次除草。现在这种做法已不多见，大多直接喷洒除草剂。

拢稻谷草 [loŋ³¹tau²¹³ku³¹tsʰau⁵³]

稻田收割后，把"稻谷草"[tau²¹³ku³¹tsʰau⁵³]稻草绑扎成束，竖在没有水的田中晒干。晒干的"稻谷草"可以作为饲养牛马的草料，可以垫猪牛圈，也可以做草褥子。

乐业 ―― 伍·农工百艺

推磨 [tʰuəi³⁵mo²¹³]

推动石磨以磨碎粮食的生产活动。"高山汉"加工粮食的石磨虽然体积不怎么大，但单纯依靠臂力也难以转动，需利用推拉杆并双手推拉才能转动。随着碾磨机械的普及，"推磨"这种费力费时的工作已经不多见了。

舂米 [tʂʰoŋ³⁵mi⁵³]

用碓给稻谷去壳。碓由以下各部分构成：青石制成的"碓窝"[tuəi²¹uo³⁵]，生铁制成的"碓嘴"[tuəi²¹³tsuəi⁵³]，圆木制成的"碓杆子"[tuəi²¹³kã̄⁵³tʂ̩⁵³]及"碓身"[tuəi²¹ʃən³⁵]，青石制成支撑"碓杆子"的"碓叉"[tuəi²¹tʂʰa³⁵]，木板制成的"碓尾巴"[tuəi²¹³uəi⁵³pa³³]。踩踏"碓尾巴"时"碓嘴"抬起，抬脚时"碓嘴"落下，砸入"碓窝"。"碓嘴"不断击打"碓窝"里的谷子，使其脱壳。也可用碓舂"米花"（见图8-6）、芝麻、香料等。

5-35 ◆龙坪

挖锄 [ua³⁵tʃʰu³¹]

锄头。柄长，木制，便于双手抓握。锄刃锋利，为钢制；刀身平薄，为铁制。锄身上方留有孔洞，以供套入锄柄。收获、挖穴、作垄、耕垦、盖土、除草、碎土、中耕、培土等作业皆可使用"挖锄"。

5-36 ◆同乐

鹰嘴锄 [in³⁵tsuəi⁵³tʃʰu³¹]

两头均可使用的镐。钢制，一头尖，一头方，根据实际需要可选择其中一头使用。尖的一头像鹰嘴，故名。因镐头与柄呈十字形，所以也叫"十字钩"[ʃʅ³¹tsʅ²¹kəu³⁵]。是采石工、矿工、铺路工或"崖匠"使用的工具。

5-37 ◆龙坪

薅锄 [xau³⁵tʃʰu³¹]

长柄锄，一般用来铲除田间杂草。锄身弯曲，刀口大，横装。

筛子 [ʃai³⁵tsɿ⁵³]

用竹篾编制的器具。圆形，较浅，有漏孔，可使小颗粒通过漏孔清除出去。有的漏孔非常细，用来筛粉末状的物品，称为"面筛"[miɛ̃²¹ʃai³⁵]；有的漏孔较大，主要用来筛选谷子、玉米和豆类，称为"筛灰篮"[ʃai³⁵xuəi³⁵lã³¹]（见图 5-38）。用"筛灰篮"把脱去谷壳的米粒和未脱壳的谷粒分离，称为"筛米"[ʃai³⁵mi⁵³]。

筲箕 [ʃau³⁵tʃi⁵⁵]

用竹篾编制的浅筐形器具。可以用来盛米、淘米；因为有一些缝隙，所以也可以给泡过的米、豆等物品滤水。此外，也可以临时盛放做好的豆腐、糍粑等食品。

5-40 ◆ 长朝

簸箕 [po⁵³tʃi³³]

浅而宽大的竹箩。用竹子表层制成的篾片编成，平底，直径1米左右。主要用来给食物去除杂质，也常用于临时盛装粮食。

5-41 ◆ 长朝

窝箱 [uo³⁵ʃiaŋ⁵⁵]

较深较大的竹箩。用竹子表层制成的篾片编成，形似簸箕（见图5-40），但比簸箕更深，直径更大。主要用于晾晒少量粮食，也可以临时盛装数量较多的食品，如豆腐、糍粑等。

5-42 ◆ 逻沙

撮箕 [tsʰo³¹tʃi³⁵]

　　撮取泥土、粪肥、垃圾等的用具，用竹篾编制。有提梁的用来撮取泥土、粪肥，方便用扁担挑；没有提梁的用来撮取垃圾。

5-43 ◆ 逻沙

5-46 ◆ 板洪

皮撮 [pʰi³¹tsʰo³¹]

　　专门用来撮取粮食的用具。以竹子表层篾片为原料编成，表面光滑，篾片连接致密。

茶叶箩 [tʃʰa³¹iɛ³¹lo³¹]

　　采摘茶叶时盛装茶叶的容器。多用竹篾编制，轻便、通风。采茶时将其斜挎在胸前。

5-44 ◆长朝

5-45 ◆逻沙

凳＝箩 [tən²¹³lo³¹]

专门用来盛装稻谷的竹箩。大小不一，大的可以装 2000 斤稻谷，小的可装 400 至 500 斤稻谷。

苞谷箩箩 [pau³⁵ku³¹lo³¹lo³¹]

种玉米时用来装种子的竹箩。口比肚略小，种子不易掉出，又可供人把手伸入拿取种子进行播种。一般有系绳，可系在人的腰间。

5-47 ◆板洪

5-48 ◆长朝

装茶叶箩 [tʃuaŋ³⁵tʃʰa³¹iɛ³¹lo³¹]

旧时用来储存成茶的容器。竹篾编成，大小不一，完整的"装茶叶箩"有盖儿，有系带，方便悬挂在屋内干燥之处。现在已多使用工业制品作为茶叶储存用具，"装茶叶箩"已很少使用。

窑箱 [iau³¹ʃiaŋ³⁵]

类似"窝箱"（见图 5-41）但更深且较大的竹箩，竹篾编制。旧时没有水泥地板，不方便晾晒粮食，可以用"窑箱"或"晒席"盛装翻晒。随着水泥地的普及，"窑箱"已不像旧时那么必要，使用有所减少。

5-49 ◆逻沙

篓子 [ləu⁵³tsʅ⁵³]

专门用来承装、搬运粮食的工具。竹篾编制，一般成对使用。接近圆柱形，但上大下小，有底无盖儿，一般高于 60 厘米。离地约 40 厘米处留有对称的扁形孔洞，可容扁担穿过。

背篼 [pəi²¹təu³⁵]

背篓。竹篾编制，配有两根肩带，可背在背上运送物品。"高山汉"居住的石山地区道路崎岖狭窄多险，挑担不方便，因此背篓成为他们运输体积不大且数量较少物品的主要工具。妇女出门干活常常把它背在背上。

马箩箩 [ma⁵³lo³¹lo³¹]

竹篾编成的筐状容器，做工粗糙但很结实。"高山汉"居住在山区，旧时运输依赖骡马，"马箩箩"是为了适应这种运输方式而制的工具。"马箩箩"成对使用，挂在马鞍两侧，是旧时"高山汉"搬运重物的好帮手。

5-50 ◆逻沙

5-51 ◆逻沙

5-52 ◆龙坪

5-53 ◆龙坪

弯刀 [uã³⁵tau⁵⁵]

　　配有长柄的弯头短刀，专门用于砍除荒芜田地里的杂草。

权˭刀 [tʃʰa³⁵tau⁵⁵]

　　配有短柄的弯头短刀，主要用来劈柴。刀头做弯的目的是使刀在携带过程中不会因为过尖而误伤人，且在劈砍柴草时不易滑出。

镰刀 [liɛ̃³¹tau³⁵] | 刀壳壳 [tau³⁵kʰo³¹kʰo³¹]

　　"镰刀"是弯钩状的带短柄的刀，"刀壳壳"则是用来携带"镰刀"的木制用具。（图5-54中系在劳作者腰上，插有"镰刀"的用具）"镰刀"的弯头使得物体在被割取的时候不会滑脱，主要用来割取杂草、猪草、玉米秆等。"刀壳壳"的制作：在长方形木块上挖出方形孔洞，孔洞略大于刀口但小于刀柄；一般配有固定在木块两端的系绳，将"镰刀"插入"刀壳壳"的孔洞内，再把"刀壳壳"别在腰后，系绳绕到身前系紧。

5-54 ◆新化

5-56◆新化

摘子 [tʃɛ³¹tsʅ⁵³]

专用于割断糯稻秆、收取糯稻穗的工具。"高山汉"种植的糯稻虽然不多，但有多种用途，所以收割糯稻只割糯稻穗，需要一根一根摘取。使用时，将"摘子"扣于掌心，"摘子"刀口对准糯稻秆离地二三十厘米处，握住用力一扣即可割断。

5-60◆逻沙

5-55◆同乐

伐镰 [fa³¹liɛ̃³¹]

专门用来收割稻谷的刀。呈月牙状，刀口有斜细锯齿，旧时尾端装木柄，现多为塑料柄。使用时，一般左手握稻秆，右手握刀柄；右手往自身方向扯拽，锯齿即可割断稻秆。

铡刀 [tʃa³¹tau³⁵]

用于切断草、树枝、根茎等的成套刀具。在底槽上安装刀身，刀的一头固定，另一头有把，可以上下提压。可铡猪草、马草，切草药。

5-57◆长朝

5-58◆长朝

哈⁼谷耙 [xa³⁵ku³¹pʰa³¹]

翻晒稻谷、玉米的用具。长柄，一般为木制，一边或两边带齿（见图5-57）。翻晒稻谷、玉米时，用耙前后耙动，使其分布均匀，有利于均匀晾晒。"哈⁼"[xa³⁵]是耙动的意思。

钉耙 [tin³⁵pʰa³¹]

铁制的耙。长齿；长柄，便于双手持握。一般用于捞挖块状或丝状的物品，常用于掏取粪肥、清理水沟及"糊田坎"[xu³¹tʰiɛ̃³¹kʰã⁵³]把水田里的稀泥往田坎上抹，以加固田坎。

中国语言文化典藏

5-59◆长朝

5-62◆新化

铧口 [xua³¹kʰəu⁵³]

犁。用牛等畜力拉动的耕地农具，底部有厚重的刃。"铧口"分两种：一为"偏铧" [pʰiɛ̃³⁵xua³¹]（见图5-59），刃偏向一侧，犁田时泥往一侧翻，可把草盖住捂死成肥；一为"大铧" [ta²¹³xua³¹]，两侧皆有刃，犁田时泥从中往两侧分，可把土犁得更散。

哈⁼泥耙 [xa³⁵n̩i³¹pʰa³¹]

将水田里的稀泥耙成田畦，并把泥耙平的农具。在一块一尺多长的木板上固定长柄制成，长柄与木板垂直。无齿，但因与耙类似，所以当地也称其为"耙"。

耙 [pʰa³¹]

专门用来把水田里的泥耙散的农具。一般用牛等畜力拉动，有木制、铁制两种。木制的下方为固定耙齿的圆木，凿有安装耙齿的孔；耙齿独立，用的时候将齿插入，固定好，不用时可从耙身取下，另外存放。因木制耙齿容易折断，所以一般要多备用一些。铁耙的耙齿与耙身焊在一起（见图5-61）。

5-61◆新化

茫=锤 [maŋ³¹tʃʰuəi³¹]

特别大的木锤。旧时没有水泥，建房子时可以用它捶打夯实地板；劈坚硬的木柴时，斧子或柴刀难以一下劈开，可用它捶打斧子或柴刀以助力；采石时也可用它敲打石头等。

5-65 ◆逻沙

5-63 ◆逻沙

搭斗 [ta³¹təu⁵³]

专门用来给稻谷脱粒的大木斗。收稻谷时把"搭斗"放在田间，抢起稻穗拍到斗壁上，谷粒便会脱落，落入斗中。下端装有"拖泥"[tʰo³⁵ni³¹]滑轨，便于在田间拖行。

5-66 ◆龙坪

连盖 [liɛ̃³¹kai²¹³]

连枷，脱粒的工具。主体部分是五六根拼在一起的竹条或木条，用绳索或竹篾固定，与长柄连接构成。柄和主体部分是可活动的，上下挥动长柄，主体部分就会上下摆动。把未与秆分离的稻谷、小麦、豆子、芝麻等铺在地上，用"连盖"连续拍打，可使籽粒脱落。

风簸 [foŋ³⁵po⁵³]

采用涡轮出风的方式设计的风谷车。其顶部有斗，混有杂质的谷粒由斗口倒入；斗下有调节开关，可通过调节斗底缝隙大小来控制谷粒流出的量。车身一侧有鼓风涡轮；另一侧有两个出风口，高的可吹出较轻的谷糠，低的可出碎的谷粒。下方有出口，供处理好的谷粒流出。

磨子 [mo²¹³tsɿ⁵³]

旧时最常用的粮食加工工具。以青石为原料制成，由两块短圆柱形磨盘构成；两扇磨的接触面上都錾有排列整齐的磨齿，用来磨碎粮食；上扇为转动盘，开有一个磨眼儿，可使粮食漏下；下扇为不动盘，承接磨出的粉末或浆。特别大的石磨叫"擂子"[luəi³¹tsɿ⁵³]，主要用来磨玉米、黄豆；小的叫"磨子"（见图5-67），用来磨浆。随着时代的发展，人们已大多采用机械对粮食进行碾磨，"磨子"大多不再使用。

5-68 ◆武称

崖匠 [ŋai³¹tʃiaŋ²¹³]

　　石匠，从事石料采集及加工的手工业者。"高山汉"居住在石山地区，石材丰富，他们在生产生活中要使用大量的石头制品，如石雕、石缸、石梯等，所以"崖匠"不可或缺。

5-71 ◆武称

钢钎 [kaŋ³⁵tʃʰiɛ̃³³]

　　采石工具。钢制，一头尖，一头铲状。尖的一头可在岩石上钻出孔洞，使岩石碎裂，并将其撬下；钻出的孔洞也可以用炸药填充，以炸石头。也可用铲状的一头插入岩石，把岩石撬开。也有的一头平整，另一头从一面看是铲状、从另一面看是尖头（见图5-71）。

5-70◆武称

5-72◆武称

崖尖 [ŋai³¹tʃiɛ̃³⁵]

"崖匠"用于采集石料的工具。把"崖尖"钉入岩石中，用"大锤"（见图5-73）使劲砸击"崖尖"顶部，使岩石裂开。

钻子 [tsã²¹³tsɿ⁵³]

用来加工石料的工具，主要用于雕刻。一手持"钻子"，"钻子"尖端对准石材；一手持锤，锤击"钻子"，使"钻子"凿进石材，以此进行雕刻。现"钻子"已多为电钻取代。

石雕 [ʃɿ³¹tiau³⁵]

用岩石雕刻制成的作品，如墓碑、佛像等。旧时制作石雕需要用传统工具慢慢雕琢，现在已经被机械化工具取代。

5-69◆逻沙

木尺 [mu³¹tʃʰʅ³¹]

木工尺。由互相垂直的尺头和尺身构成，用来给需要加工的木头测量、画线，也可用来检测器物、房屋的垂直度及部件相对位置的垂直度等。

木匠 [mu³¹tʃiaŋ²¹³]

擅长木工技艺的匠人。"高山汉"传统建筑及家具多为木制，所以木匠是当地十分重要的匠人。因日常需要，大多数家庭也备有木匠工具，人们都有些木工技艺。但是建造房屋，制作家具零件、门窗框架及其他需精制的木制品，则必须请专业木匠才能完成。

5-73 ◆武称

5-76 ◆武称

大锤 [ta²¹³tʃʰuei³¹]

大铁锤，采石工具。可用于砸击岩石使之碎裂；也可在钢钎（见图5-71）、"崖尖"（见图5-70）插入岩石后，用"大锤"用力砸击二者顶部，使其更深入石内。

墨斗 [mɛ³¹təu⁵³]

传统木工行业极为常见的工具。由装墨的"墨仓"[mɛ³¹tsʰaŋ³⁵]、绕线的"线轮"[ʃiɛ²¹³luən³¹]、带"线锥"[ʃiɛ²¹tʃuəi³⁵]的"墨线"[mɛ³¹ʃiɛ²¹³]、"墨签"[mɛ³¹tʃʰiɛ³⁵]四部分组成。将"墨线"从"墨仓"拉出，用"墨签"固定一头，"墨线"绷紧，用手指往上稍提，放开手指，"墨线"即在木料上弹下平直的黑线，木匠可依据黑线对木料进行切割。

马等 = [ma⁵³tən⁵³]

做木工用的工作台，是加工木板的专用工具。上装铁齿，可用来固定木板，方便加工。

5-77 ◆长朝

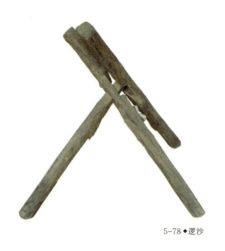

木马 [mu³¹ma⁵³]

5-78◆逻沙

用来固定并加工圆木的工具。用三根木条钉成上窄下宽的三脚架,上方有叉,可搭置圆木。一般成对使用。将圆木架在分立的两个"木马"上,使之固定,即可对圆木进行锯、刨及钻孔等加工作业。

推刨 [tʰuəi³⁵po²¹³]

刨子的总称。一般情况下,是把一寸左右宽度的嵌钢铁片磨至锋利,斜向插入木刨壳中,稍微露出点刃口。特殊用途的"推刨"有:"清刨"[tʃʰin³⁵po²¹³],用来把木板刨平;"槽刨"[tsʰau³¹po²¹³],可在木板上刨出沟槽或凸起;"边刨"[piɛ̃³⁵po²¹³],用于在木板的边缘刨出平滑且下凹的形状,左侧有可调节凹槽宽度的调节器;"线刨"[ʃiɛ²¹po²¹³],用于在木板边缘刨出较细小的沟槽,主要用于制作家具的装饰性花纹;"圆刨"[yɛ̃³¹po²¹³],用于把木板刨出规整的弧形,把多个弧形的木板拼合即成木桶。

5-79◆长朝

5-81◆逻沙

卡子 [kʰa⁵³tsʅ⁵³]

破竹子用的篾匠工具。用木片钉成十字形,稍做加工即成。把竹条头部破成均匀的四份,然后把"卡子"插入,把分开的四片竹条撑开,敲打"卡子",竹条随之破开。

5-82◆武称

篾锤 [mɛ³¹tʃʰiɛi³¹]

编制背篓的工具,用木头简单加工而成。用"篾锤"锤打刚编好的背篓可使其更结实。

5-80◆甘田

篾匠 [mɛ³¹tʃiaŋ²¹³]

　　编竹制器具的匠人。"高山汉"居住地林木、竹木甚多，日常用具制作原料非木即竹。过去，编制竹器在本地是十分重要的行业。但随着现代工业产品的大量出现，以及行业自身收入过低，年轻人已很少从事这一行业，当前从业者多为老年人。

飞剪 [fəi³⁵tʃiɛ̃⁵³]

　　理发推子。旧时男子头发长了要直接剃光，小孩则在额上留个瓦片头，称为"记心毛" [tʃi²¹sin³⁵mau³¹]。新中国成立后当地开始使用"飞剪"，男子才开始剪发型。

裁缝 [tsʰai³¹foŋ³¹]

　　专指制作服装用于出售及给人加工服装的匠人。此外，拆改衣服的匠人则根据具体工作来称呼，如"改裤脚的" [kai⁵³ku³¹tʃio³¹ti³³]、"改衣服的" [kai⁵³i³⁵fu³¹ti³³] 等。

5-83◆同乐

5-84◆同乐

5-86 ◆同乐

5-87 ◆同乐

鞋样 [xai³¹iaŋ²¹³]

　　用纸剪成的鞋的样式。先根据穿鞋者脚的大小剪出鞋底，再按比例剪出鞋面，然后贴在浆好晒干的布上依样剪出布底布面，之后才能纳鞋底、绣鞋面（见图 5-88）。

锥子 [tʃuəi³⁵tsʅ⁵³]

　　常用的缝纫用品，主要用来纳鞋底及把鞋面和鞋底缝合到一起。

顶针 [tin⁵³tʃən³⁵]

　　常用的缝纫用具。一般为铁制或铜制，表面布满整齐的小坑；箍形，状似戒指。使用时一般套在中指第一节上。

5-85 ◆同乐

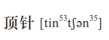

绣鞋面 [ʃiəu²¹³xai³¹miɛ̃²¹³]

　　把剪好的花样粘在鞋面上，然后按花样用彩色丝线一针一针绣好。

绣鞋垫 [ʃiəu²¹³xai³¹tiɛ̃²¹³]

　　将剪好的花样粘到鞋垫上，再用彩色丝线按花样绣出来。在鞋垫上绣花的不多，但有用十字绣绣花的。

5-88 ◆逻沙

5-89 ◆花坪

绣花 [ʃiəu²¹xua³⁵]

　　"高山汉"的刺绣一般是家庭传承，平时随用随绣，绣法不太讲究。随着现代工艺带来服饰上的美观及便利，家庭刺绣已不多见。

车子 [tʃʰɛ³⁵tsɿ⁵³]

　　专指纺线纺纱的工具。旧时每家每户都会备有一个"车子"，用来将麻纺成线。随着时代的发展，人们已不需要家庭自纺麻线了，因此"车子"已不多见。

抄纸 [tʃʰau³⁵tʃʅ⁵³]

制作"火纸"[xo⁵³tʃʅ⁵³]（见图6-66）的一道工序。"火纸"的制作要经历以下工序："砍竹"[kʰã⁵³tʃu³¹]，将竹子截成2米左右，破成2到3厘米宽的条块，扎成一捆，约25公斤，备用；"泡塘"[pʰau²¹³tʰaŋ³¹]，将砍好的竹条放到"麻塘"[ma³¹tʰaŋ³¹]浸泡造纸原料的水塘里用石灰水浸泡约三个月，使竹条软化；"发酵"[fa³¹tʃiau²¹³]，将浸泡后的竹条再放入"麻塘"发酵一个月左右，使之进一步软化；"舂料"[tʃʰoŋ³⁵liau²¹³]，用石碓碓碎竹条；"踩槽"[tsʰai⁵³tsʰau³¹]，将碓好的竹浆放进约2平方米的木制方槽，加水，用双脚踩踏成泥状，使竹浆富有黏性；"加滑水"[tʃia³⁵xua³¹ʃuəi⁵³]，在装有竹浆的塘里加入特制的"滑水"，使竹浆纤维光滑黏稠，可使制成的纸张互不粘连；"拌浆"[pã²¹tʃiaŋ³⁵]，用竹棍把浆料搅拌均匀，直到没有可见颗粒；"抄纸"（见图5-94），用长约1米、宽约0.5米的"竹帘子"[tʃu³¹liɛ̃⁵³tsʅ⁵³]捞取"火纸"半成品的工具，帘状，多以竹篾为原料捞纸，左右往返一次即可将纸揭下备用；"压纸"[ia³¹tʃʅ⁵³]，用木制压榨器具将捞好的湿纸坨压榨至无水溢出为止。

5-92 ◆把吉

磨崖 [mo³¹ŋai³¹]

磨刀石，用砂岩简单加工制成。将刀具的刀刃向外并贴住"磨崖"，前后摩擦，同时不断往刀刃上浇水，可使刀具锋利。

蜂桶 [foŋ³⁵tʰoŋ⁵³]

用来养蜜蜂的箱形木制器具。每年4至10月蜜蜂分家，成群飞舞。当蜂群挂在树上时，在草帽或箩筐里喷上盐水，盖在蜂群上方，蜂群就会携带蜂王爬上去。此时，将爬满蜜蜂的草帽或箩筐取下放入"蜂桶"内，把草帽或箩筐取走后，蜂群就会在"蜂桶"里做窝。

5-94 ◆把吉

5-93 ◆长朝

榨 [tʃa²¹³]

制作"火纸"（见图6-66）的木制工具之一。在"压纸"阶段使用，可将捞出的湿纸坨榨干。

晾纸 [liaŋ²¹³tʃʅ⁵³]

让"火纸"（见图6-66）成为成品的最后一步。把经"揭纸"（见图5-96）揭下的还潮湿的"火纸"挂在经常烧火的"火间"（见图1-11）内晾干。

5-98◆武称

5-96◆把吉

锉子 [tsʰo²¹³tsʅ⁵³]

凿子。开刃部分呈铲状，顶部往往有木柄，便于使用时持握。加工较硬材料时，可用锤子敲击"锉子"顶部以助力。主要用来在木料上开凿四方形小孔，也可对一些四方形孔洞进行修理。另有"板锉"[pã⁵³tsʰo²¹³]，长度比"锉子"短，刃部比常见的"锉子"宽，用来在木料上开凿大的方形孔洞，也可对一些大的方孔进行修理；"圆锉"[yɛ̃³¹tsʰo²¹³]，刃部为弧形，可以在木料上凿出弧形的孔或沟槽，主要用来制作家具上的花纹。

揭纸 [tʃie³¹tʃʅ⁵³]

分开层叠"火纸"（见图6-66）的一道工序。"火纸"榨出水分后，一层层叠在一起，需用特定工具将其一层一层揭下。揭纸用的工具叫"拖纸□"[tʰo³⁵tʃʅ⁵³pʰiɛ⁵³]，由一根半圆竹片和一根"换纸棍"[xuã²¹³tʃʅ⁵³kuən²¹³]

用于换纸的细长木条组成。

5-100◆武称

5-99◆逻沙

手锯 [ʃəu⁵³tʃʃyi²¹³]

刀形的手持锯，短小。功能与一般锯子不同：可对木板进行较精细的切割修理，如制作榫头；也可对苗木、果树等进行修剪。

锯子 [tʃʃyi²¹³tsʅ⁵³]

用来把木料或者其他需要加工的物品锯断或锯开的工具。有一种特大的锯子，约一人高，需两人合作，用来锯宽度很大的木板和直径很大的木料，称为"解锯"[kai⁵³tʃʃyi²¹³]。

5-103 ◆同乐

场坝 [tʃʰaŋ³¹pa²¹³]

集市，当地出售农产品及换取生活必需品的地方，也叫"场"[tʃʰaŋ³¹]。旧时每个乡镇六天赶一次"场坝"，称为"赶场"[kã⁵³tʃʰaŋ³¹]；各乡镇于六日内轮流开设，便于小贩在各乡镇间往返做生意，也方便群众有更多时间进行劳动生产。由于物资的加速流通，现已改为三天一次。旧时居住分散，"赶场"还是从四面八方赶来的人们交流信息、增进感情的极好方式。

卖菜 [mai²¹tsʰai²¹³]

临时摆地摊售卖各种菜的商业活动。售卖的一般是各种蔬菜、干菜、酸菜，以及在野外采摘的野菜。

5-104 ◆同乐

粉店 [fən⁵³tiɛ̃²¹³]

    售卖米粉的饭馆。当地最常见的早餐是米粉，有时正餐、夜宵也食用米粉，所以粉店很多。

小卖部 [ʃiau⁵³mai²¹pu²¹³]

    小型杂货店。分布于城乡各处，以出售糖果、点心、冷饮、烟酒、日用品等为主。

乐业｜伍·农工百艺

5-107◆同乐

药摊 [io³¹tʰã³⁵]

出售自制中草药的摊子。摊主喜欢把各种中草药装在红色袋子里售卖，除了显眼，也为讨个吉利。"高山汉"居住地区中草药资源丰富，历来有采集、使用中草药的习惯，这样的"药摊"在城乡都很常见。

果摊 [ko⁵³tʰã³³]

卖水果的小摊。

5-108◆花坪

中国语言文化典藏

酸摊 [suã³⁵tʰã⁵⁵]

　　卖各种酸食品的小摊。

布摊 [pu²¹tʰã³⁵]

　　售卖布料、服装的摊子。旧时只有布料而无成衣售卖，所以称为"布摊"；近年来这样的摊子已很少售卖布料，仅卖成衣，但仍称为"布摊"。

肉摊 [ʒu³¹tʰã³⁵]

　　卖肉的摊子。

乐业　　伍·农工百艺

5-115◆同乐

切药 [tʃʰɛ³¹io³¹]

售卖中草药前的准备步骤。售卖前商贩常将药材用铡刀切片，晒干。

5-110◆同乐

卖糖葫芦的 [mai²¹³tʰaŋ³¹xu³¹lu³¹ti³³]

走街串巷卖糖葫芦的小贩。旧时当地并没有糖葫芦出售，近些年才出现。

上甑 [ʃaŋ²¹tʃən²¹³]

蒸制米粉的最后一步。米粉的蒸制步骤如下："磨浆" [mo³¹tʃiaŋ³⁵]，将陈年大米浸泡后磨成"米浆" [mi⁵³tʃiaŋ³³]；"抹油" [ma³¹iəu³¹]，也叫"刷油" [ʃua³¹iəu³¹]，在"粉盘" [fən⁵³pʰã³¹]（蒸制米粉的铁盘）内刷一层食用油，再倒入"米浆"，使粉不易粘在盘上，便于揭取；"舀浆" [iau⁵³tʃiaŋ³³]，把"米浆"倒入"粉盘"，将盘侧倾使米浆布满盘底且分布均匀；"上甑"（见图5-114），将倒入米浆的"粉盘"放入甑内略做蒸煮，即可蒸熟。旧时一般用大锅蒸，但蒸汽太烫，操作时容易产生危险；现在有了经过改良的专用金属制用具"甑子"，可免除蒸汽引发的危险。

5-114◆同乐

酒提子 [tʃiəu⁵³tʰi³¹tsʅ⁵³]

卖酒时用来量酒的容器。旧时多用竹筒制成，后改为铁皮。有柄，手持柄从盛酒的容器中把酒舀出，即可按量出售。按容量一般分四种，分别为一两、二两、半斤、一斤的量。随着工厂制造的瓶装酒大量进入市场，散装酒已不多见，"酒提子"的使用也日渐减少。

5-113 ◆逻沙

招牌 [tʃau³⁵pʰai³¹]

商店门前作为标志的牌子，主要用来展示店铺的功能和名称。当地招牌与全国各地招牌区别不大，有竖招、横招；有在门前牌坊上横题字的，也有在屋檐下悬置巨匾的。有少数招牌不写店名，直接写业务范围，如"餐具出租"（见图5-111）。有些做小生意的，连招牌也不用，直接在墙上、门上写上自己从事的生意或可提供的商品，如"拔鸡毛""有八角"等。

秤 [tʃʰən²¹³]

称重的器具。常用的有三种：一是"盘秤" [pʰã³¹tʃʰən²¹³]（见图5-112），带盘子和钩子，可对盛装在盘中的物品进行称重，也可对可钩起的物品进行称重；二是"杆秤" [kã⁵³tʃʰən²¹³]，仅配钩子，用来对可钩起的物品进行称重；三是"大杆秤" [ta²¹³kã⁵³tʃʰən²¹³]，配有钩子但特别大，需要两个人才能抬起，用来对体积或重量很大的物品进行称重。

5-112 ◆同乐

5-111 ◆花坪

五 其他行业

5-120◆同乐

放牛 [faŋ²¹³n̠iəu³¹]

　　旧时"高山汉"部分地方实行轮流放牧制度，农忙时节，每天安排一到两户人家，将全屯的牛集中到牧场放牧，晚上再把牛从牧场赶回屯里。秋季收获后则"放敞"[faŋ²¹³tʃʰuaŋ⁵³]不圈养，让牛在山里自行吃草，来年准备耕作时再到山里把牛找回来。现今耕作一般已机械化，养牛的人已经不多了。

中国语言文化典藏

5-118◆同乐

铁猫 [tʰɛ³¹mau³⁵]

　　铁制的捕猎工具。在猎物出没的路径上挖好陷阱，内藏"铁猫"。当猎物走到"铁猫"上时，就会触发机关，腿被夹住。

5-117◆逻沙

5-116◆逻沙

粉枪 [fən⁵³tʃʰiaŋ³³]

旧时的猎枪。在当地人的观念中，火药为粉末，子弹铁砂亦为粉末状，所以使用铁砂的猎枪被称为"粉枪"。随着禁猎措施的出台，"粉枪"、"火药角"[xo⁵³io³¹ko³¹]（见图5-117）、"铁猫"[tʰɛ³¹mau³⁵]（见图5-118）等捕猎工具已不再使用。

火药角 [xo⁵³io³¹ko³¹]

盛装火药的容器。多用牛角制成，因牛角可防水防潮；尖端开口，便于火药倒入枪管，且十分轻便；一般配有一个小布袋，用来盛装铁砂。

放羊 [faŋ²¹³iaŋ³¹]

牧羊。由于地处山区，植被繁茂，乐业盛产山羊。牧羊人早晨放牧，傍晚再把羊赶回羊圈。

5-119◆同乐

喂鸡 [uəi²¹tʃi³⁵]

　　"高山汉"养鸡多采用放养的方式。仅于每天早晨在地上撒些玉米喂鸡，其他时间鸡会在房前屋后自行觅食。

放鸭子 [faŋ²¹³ia³¹tsʅ⁵³]

　　养鸭的人早晨把鸭子赶到河里，傍晚再赶回家中。"高山汉"原来主要居住在山区，并不养鸭，但现在很多人移居河谷，也和当地壮族一样，养起鸭子来。

掐茶叶 [kʰa³¹tʂʰa³¹iɛ³¹]

采茶。每年 3 月至 11 月为采茶期。采茶的手法分"掐采"[kʰa³¹tsʰa⁵³]，左手扶住枝叶，右手两根手指轻捏嫩叶，轻轻将芽叶折下；"提手采"[tʰi³¹ʃəu⁵³tsʰa⁵³]，手心向上，轻提茶叶上的嫩茎，使之脱落；"双手采"[ʃuaŋ³⁵ʃəu⁵³tsʰa⁵³]，双手交替进行。茶叶采摘后，要经多道工序才能制成成茶。

初烘 [tʂʰu³⁵xoŋ⁵⁵]

制茶的工序之一。茶叶采摘后，必须经多道工序才能制成成茶："摊青"[tʰa³⁵tʂʰin³⁵]，将茶叶放在簸箕（见图 5-40）里摊匀，在干燥阴凉处晾至发蔫；"杀青"[ʃa³¹tʂʰin³⁵]，用高温把茶叶炒软；"搓茶"[tsʰo³⁵tʂʰa³¹]，将经过"杀青"的茶叶趁软放在手心揉捻，把每片茶叶搓揉成条形或螺形；"初烘"（见图 5-123），茶叶成型后的第一次烘炒，用文火炒至手感干而不脆；"复烘"[fu³¹xoŋ³⁵]，成茶前的最后一次烘炒，把"初烘"后的茶叶晾晒冷却，再用文火烘炒，炒至干透即为成茶。旧时用铁锅烧柴进行"初烘""复烘"，现在一般都用电器进行。

5-129 ◆武称

5-128 ◆武称

磨制 [mo³¹tʂʅ²¹³]

把粗加工后的铁具磨成成品。粗加工后的铁具，还需要经过打磨，其表面才能变光滑，刀具的刀刃部分才能变锋利。旧时全靠手工，现在已基本通过机器进行。

吃水 [tʂʰi³¹ʃuəi⁵³]

淬火。把铁制品加热到某一适当温度并保持一段时间，然后放入水中，使之快速冷却变硬。

烤酒 [kʰau⁵³tʃiəu⁵³]

蒸馏取酒，"高山汉"酿酒的最后一道工序。酿酒原料一般为玉米，富裕家庭也用大米。酿酒一般分"煮料"[tʂu⁵³liau²¹³]、"拌酒曲"[pã²¹³tʃiəu⁵³tʃʰyi³¹]、"发酵"[fa³¹tʃiau²¹³]、"生酒"[ʃən³⁵tʃiəu⁵³]、"烤酒"五道工序。制成的酒酒精含量一般在15%至20%之间。"烤酒"常用的工具是"棚▯甑"（见图2-36）。

5-125 ◆遝沙

打毛坯 [ta⁵³mau³¹pʰəi³⁵]

制作铁器的工序之一。制作铁器要经
过几道工序："烧铁"[ʃau³⁵tʰɛ³¹]，把要锻打
的铁器放在炉火中烧红，使之软化；"打毛
坯"（见图5-127），把烧红的铁器放到铁
砧上打出需要的形状，旧时用手工锻打，现
在已多用机器锻打；"打成品"[ta⁵³tʃʰən³¹pʰin⁵³]，
把锻打成型的铁器移到铁砧上精细地锻打
出成品；"吃水"[tʃʰi³¹ʃuəi⁵³]（见图5-128）。

5-127◆武称

铁匠 [tʰɛ³¹tʃiaŋ²¹³]

靠打铁制作各种农具、日常用具为生的匠人。旧时"高山汉"多自给自足，每个屯都有一
两户铁匠，制作修理锄、耙、刀、斧、铲、勺、钩、钉等。随着商品经济的发展，铁匠已经非常
少见了。

5-126◆武称

5-134 ◆逻沙

牛嘴箩 [n̠ieu³¹tsuəi⁵³lo³¹]

套在牛和马的嘴上以防止其吃草的用具，用竹篾编成。给牛套上，可防止其经过田地时吃农作物；给马套上，可防马在驮东西的时候，因吃草和庄稼而导致背上的东西翻落。

5-135 ◆逻沙

马鞍子 [ma⁵³ŋã³⁵tsɿ⁵³]

马具之一。形状适合跨骑，前后均凸起。木制，一般用皮革包裹，内塞软物，既可以防止马受伤，也使跨骑更舒适。

砧等 ⁼[tʃən³⁵tən⁵³]

打制铁器用的铁砧。圆形的（见图5-131）用于将铁制品打平打扁，带角和突起的（见图5-132）可以打出各种造型。

5-132 ◆武称

5-131 ◆武称

打猪菜 [ta⁵³tʃu³⁵tsʰai²¹³]

为猪采割野草的行为。因山上可供猪食用的野菜很多，"高山汉"一般不用栽种专门的菜喂猪。需要时只要带上刀和背篓上山，很快就能割满一背篓野菜，背回家煮成猪食。

鞍架 [ŋã³⁵tʃia²¹³]

架在马背上用来悬挂"马箩箩"或铁架的木架子。旧时交通不便，负重驮运常需借助畜力，所以"鞍架"是运输常用的用具。现已不常用。

铁炉 [tʰɛ³¹lu³¹]

用来烧制铁器的大火炉。旧时炉子边上会架一个风箱，人工推拉鼓风；现已改为机器鼓风。

乐业 · 伍·农工百艺

旧时"高山汉"的饮食比较简单，一般一日两餐，不到正午就吃第一餐，所以叫"吃少午"[tʃʰi³¹ʃau⁵³u⁵³]，晚饭则叫"夜饭"[iɛ²¹fã²¹³]。农忙时节则是一日三餐。天没亮就得起床做饭，简单填填肚子，叫作"过早"[ko²¹³tsau⁵³]；午餐是从家里带去的简单饭菜；干完地里的活，背着柴禾或者猪菜，回到家天已经黑了，还得煮饭、做菜、煮猪食、喂猪、吃饭，忙完这些就到上床睡觉的时间了。晚餐的时候，如果不是节日，没有客人，一家人围着"火塘"（见图2-1），就着锅里热气腾腾的菜肴进餐，锅里难得见一回荤腥。随着传统建筑的消失，当今"高山汉"也已大多围着餐桌进餐了。

旧时"高山汉"的娱乐不多。大人们闲下来偶尔会"打象棋"[ta⁵³ʃiaŋ²¹³tʃʰi³¹]（见图6-10）、"打牌"[ta⁵³pʰai³¹]（见图6-11）。逢节日或者外出打猎有了收获，大家会聚到一起喝酒、"猜码"[tsʰai³⁵ma⁵³]（见图6-4）、唱敬酒歌、演奏小曲。妇女们闲下来则多

聚在一起，一边纳鞋底，一边"摆龙门阵"[pai⁵³loŋ³¹mən³¹tʃən²¹³]（见图6-8）。若有红白喜事、新房落成，主人往往请人到家唱灯戏。

孩子们玩的游戏多种多样，大多是运动类的，如"跳胶"[tʰiau²¹tʃiau³⁵]（见图6-23）、"抛子"[pʰau³⁵tsɿ⁵³]（见图6-17）、捉迷藏以及打仗游戏。玩具多为自制，陀螺、弹弓、木头枪、纸船、纸飞机、纸风车，不胜枚举。随着时代的发展，这些游戏已不多见了。

每家每户的"堂屋"（见图1-10）都设有一个"香火"（见图6-73），供奉"天地君亲师"。逢年过节，供神祭祖是家里的大事。当地有敬拜神仙的传统，每个村寨必有一个小庙；房子离村子较远的，也会在离家不远的地方修个小小的庙宇用来祭拜。当地还有拜岩洞内钟乳石的传统，比如当地香火最盛的"观音洞"[kuã³⁵in⁵⁵toŋ²¹³]（见图6-57），就建在县城西边一座山上的岩洞前，人们拜洞中的一块钟乳石为观音菩萨。

一起居

吃饭 [tʃʰi³¹fɑ²¹³]

　　每天的正餐进食，一般是两餐。旧时冷天常在"火埠"（见图1-12）上吃，大家围着"火塘"（见图2-1），就着锅里热气腾腾的菜肴进餐；热天则在"堂屋"（见图1-10）摆上饭桌就餐。旧时来客，主家女子只能在"火间"（见图1-11）就餐，男子则在"堂屋"与客人一起进餐，现在男女均上桌进餐（见图6-2）。

6-4 ◆同乐

猜码 [tsʰai³⁵ma⁵³]

　　饮酒时一种助兴取乐的游戏。本称"划拳"[xua³¹tʃʰyɛ̃³¹]；受当地其他汉语方言的影响，现多称"猜码"。饮酒时两人同时伸出手指并各说一个数，所说数目与双方所伸手指总数相符者胜出，输者喝酒。"猜码"技巧性颇强，极富竞争性，且因玩时需喊叫，易使人兴奋，可增添酒兴，烘托气氛。"高山汉""猜码"常以双方齐喊"腊肉挂起，哥俩好啊"开头，暗含对富足生活和深厚情谊的祝愿与向往。

劝酒 [tʃʰyɛ̃²¹³tʃiəu⁵³]

　　敬酒，餐桌文化的一种。"高山汉""劝酒"有一定的规矩：主人要向客人敬第一杯酒；接着，客人回敬主人；之后，晚辈再轮流向长辈敬酒。

6-3 ◆同乐

183

茶馆 [tʃʰa³¹kuã⁵³]

以品茶的方式交友、休闲的场所。尽管乐业一带自古出产好茶，但旧时并没有专门的品茶场所。改革开放以后，商品经济的发展催生了"茶馆"的诞生和发展。虽名为"茶馆"，但当中也有各种小吃甚至简单的菜品，也可饮酒。

6-6◆逻沙

旱烟杆 [xã²¹iɛ̃³⁵kã³³]

旧时抽旱烟用的杆子，也常常是演出的道具。多以细竹管为杆；两端分别为烟斗和烟嘴，烟斗用于装填烟丝，烟嘴用于抽吸；杆身一般系有烟盒，装烟丝用，多为牛皮制成。

烟筒 [iɛ̃³⁵tʰoŋ³¹]

旧时常用的吸烟用具。旧时一般用竹筒制成，现也有用塑料或金属制成的；高约 70 厘米，直径约 7 厘米；烟筒下端约四分之一处开一小口，斜插一小竹管或金属管，用于填入烟丝。点燃烟丝，嘴角贴到顶端的筒口即可吸烟；筒内装水，水位低于装烟丝的管口，据说烟气经过水的过滤味道更好。烟丝熄后，往烟筒内吹气，水往上冲，可把燃后的灰烬冲走。现在用"烟筒"吸烟的人已经不多了。

6-5◆同乐

6-7◆火卖

摆龙门阵 [pai⁵³loŋ³¹mən³¹tʃən²¹³]

　　谈天说地，吹牛闲聊。"摆"，含说、谈、讲解、陈述之意；"龙门阵"，即拉家常话。三五人相聚"摆龙门阵"是"高山汉"村头村尾常见的情景。

向火 [ʃiaŋ²¹³xo⁵³]

　　烤火。"高山汉"居住的山区，冬天气温颇低，因此烤火是这些日子中大家经常做的事。

打象棋 [ta⁵³ʃiaŋ²¹³tʃʰi³¹]

下象棋，是当地常见的娱乐方式。摆张方桌，或者利用石板，就能捉对厮杀，而且往往还吸引到不少观棋者。但是，随着娱乐方式的多元化，喜欢象棋的青少年已经不多了。

打牌 [ta⁵³pʰai³¹]

打扑克，当地非常流行的消遣娱乐方式。在各种空闲时间，如红白喜事时的空余时间，人们都喜欢聚在一起"打牌"。当前比较流行的"打牌"方法叫"红尖对"[xoŋ³¹tʃiɛ̃³⁵tuei²¹³]以红A为核心的一种扑克游戏。

187

传染病 [tʃʰuã³¹ʒã⁵³pin²¹³]

多人游戏。在特定范围内，孩子们分散各处，一人扮演病人，在其他孩子之间跑动；孩子们努力躲避"病人"，"病人"寻机拍打其他孩子的背部，被拍中意味着被"传染"，而这名原先的"病人"则"痊愈"；"被传染者"再想法拍打另一名孩子的背部，使其受"传染"，也使自己"痊愈"，摆脱追逐者的角色。按此循环。

撕名牌 [sɿ³⁵min³¹pʰai³¹]

一个孩子们借鉴电视节目中的"撕名牌"游戏自创的游戏。孩子们站在有栏杆的低台上，双手抓着栏杆，设法从别的孩子身体和栏杆之间挤过。虽有"撕名牌"之名，却无"撕名牌"之实。

扳手劲 [pã³⁵ʃəu⁵³tʃin²¹³]

掰手腕。二人用同侧手进行比赛，双方比赛用的手肘着台面，并成一直线。比赛中，手背触及台面、肘关节离开台面或离开规定范围者负。旧时这样的游戏比较常见，现在已不多见。

6-14 ◆同乐

老鹰捉小鸡 [lau⁵³in³³tʃo³¹ʃiau⁵³tʃi³³]

一种多人参加的娱乐游戏。游戏开始前先分角色，一人扮演母鸡，一人扮演老鹰，其余的扮演小鸡。"小鸡"依次在"母鸡"身后抓着前一人的衣服下摆，排成一队；"老鹰"站在"母鸡"对面，做捉"小鸡"姿势。游戏开始后，"老鹰"叫着做赶鸡动作，"母鸡"身后的"小鸡"做惊恐状，"母鸡"极力保护身后的"小鸡"；"老鹰"再叫着绕圈去捉"小鸡"，众"小鸡"则在"母鸡"身后躲闪。

6-13 ◆同乐

6-16◆同乐

6-18◆同乐

翻花绳 [fã³⁵xua³⁵ʃuən³¹]

一种利用绳子进行花样玩法的游戏，也叫"翻菜盆"[fã³⁵tsʰai²¹³pʰən³¹]。用一根绳子结成绳套，一人通过手指编成一种花样，另一人用手指接过来，翻成另一种花样；就这样相互交替编翻，直到一方不能再编翻下去为止；翻不下去的一方为负。这种游戏主要是女孩儿玩，过去颇为常见，但如今已不多见。

弹珠珠 [tʰã³¹tʃu³⁵tʃu⁵⁵]

弹玻璃球。参加游戏的孩子各出数枚玻璃珠，赢者得到输者的玻璃珠。游戏时，在地上画线为界，用手指弹射自己的玻璃珠，击打对方的玻璃珠，谁的玻璃珠被击打出界谁为负。

拍纸人人 [pʰɛ³¹tʃɿ⁵³ʒən³¹ʒən³¹]

拍厚纸片的游戏。游戏用具是印有图案的长约 10 厘米、宽约 3 厘米的厚纸片，称为"纸人人"[tʃɿ⁵³ʒən³¹ʒən³¹]。参加游戏的孩子把自己拥有的"纸人人"叠在一起，游戏者用双手拍击地面，利用掌风掀翻位于最上方的"纸人人"，被掀翻的"纸人人"归该游戏者所有，并继续游戏，直至无法掀翻"纸人人"为止。下一个游戏者依此进行。获得"纸人人"多者为胜。

6-19◆同乐

抛子 [pʰau³⁵tsɿ⁵³]

抛石子，女孩儿常玩的游戏。游戏工具是用石头打磨成的比玻璃球略大的石子儿。可单人游戏，也可多人游戏。多人游戏时，某个步骤未完成的一方为负。有五颗玩法、七颗玩法和十颗玩法。

五颗玩法最为常见，有 11 个步骤。"打一"[ta⁵³i³¹]，抛一颗扔下四颗，接住抛出的"子"，再抛出接回的"子"，拾起地上一颗后接回抛出的"子"，重复此过程直到地上的"子"全抓到手中。"打二"[ta⁵³ə²¹³]，抛一颗拾两颗。"打三"[ta⁵³sã³³]，抛一颗，拾三颗、一颗各一次。"打四"[ta⁵³sɿ²¹³]，抛一颗，余下四颗一把抓起。"打五"[ta⁵³u⁵³]，四颗一把抓起，拇指和食指拢成圈，让抛起的"子"从圈内掉入手中。"打六"[ta⁵³lu³¹]，一颗一颗抓取，每抓取一颗，食指尖在地上点两下。"打七"[ta⁵³tʃʰi³¹]，先抓取一颗，抓取第二颗时将第一颗摆在地上，第二颗放在掌中，接着抓第三颗摆第二颗，直到将四颗摆成一排，再一把抓取。"打八"[ta⁵³pa³¹]，将五颗全抛起，五指张开用手背接住，接不住的"子"落地；手背翻转，将接住的"子"摆在地上，使它们集中；游戏对手捡起其中一颗与另一颗紧靠。选取余下三颗中的一颗，将对手挨住的两颗打散，然后拾取之前用于击打的"子"，抛起后将地上的四颗一把抓取。"打九"[ta⁵³tʃiəu⁵³]，先拾取一颗，抛起掌中的两颗，拾取地上一颗，把抛出的两颗接回手中；再抛出手中三颗，拾取一颗；最后抛出四颗，拾取最后一颗。"打十"[ta⁵³ʃɿ³¹]，将手中五颗中的一颗抛起，其余仍置手中，用食指在地上画一撇，然后接回抛出的"子"。"圆盘"[yɛ̃³¹pʰã³¹]，将五颗抛起，用手背接，接到的用手背再次抛起，再用手掌接。

6-17◆同乐

6-20 ◆同乐

换手 [xuã²¹³ʃəu⁵³]

女孩儿玩的游戏。两个女孩儿面对面，互握双手，不断变换持握的方式和花样，变换不下去的一方为负。

跳山羊 [tʰiau²¹ʃã³⁵iaŋ³¹]

一种模拟山羊跳，将冲刺跑与跳跃结合起来的儿童游戏，与竞技体操项目"跳马"相似。游戏时，扮演"山羊"者弯腰使背部与地面平行，其他儿童朝"山羊"冲刺，临近时双手撑住"山羊"的背部，双腿抬起张开跃过"山羊"。一人跳多个"山羊"：参加者排成一列，除队尾一人外，其余人全部充当"山羊"；队尾一人从后向前依次跃过"山羊"，然后在排头充当"山羊"；其余人照此例，依次从队尾跳至排头充当"山羊"。多人跳一个"山羊"：一人充当"山羊"，其余人从其背上跳过；每跳一轮，"山羊"高度有所上升，跳不过者与"山羊"交换角色。

6-21 ◆同乐

跳绳 [tʰiau²¹³ʃuən³¹]

　　一人或多人在一根上下环摆的绳中做各种跳跃动作的运动游戏。有单脚跳、单脚换跳、双脚并跳、双脚空中前后与左右分跳等多种方法。

跳胶 [tʰiau²¹tʃiau³⁵]

　　跳皮筋。因当地把皮筋称为"胶"，故名。"跳胶"用的皮筋是用橡胶制成的有弹性的细绳，长3米左右。游戏时，先由两人各执一端把皮筋抻长，然后其他人轮流跳；按规定动作，完成者为胜，如中途跳错或没钩好皮筋，就换另一人跳。

6-24 ◆长朝

打马马肩 [ta⁵³ma⁵³ma⁵³tʃiɛ̃³⁵]

与幼儿互动的娱乐方式。大人把幼儿扛起，幼儿叉开腿坐在大人肩上，像骑着大马，故名。

6-27 ◆同乐

6-26 ◆同乐

纸飞机 [tʃʅ⁵³fəi³³tʃi³³]

用纸折成的玩具飞机，是航空类折纸手工中最常见的形式。制作简便，旧时几乎是每个孩子都会折、最常玩的玩具。

纸船 [tʃʅ⁵³tʃʰuã³¹]

用纸折成的船形玩具。旧时儿童喜用废纸折成各种式样的小船，放入水中，纸船会根据风向及水流移动。

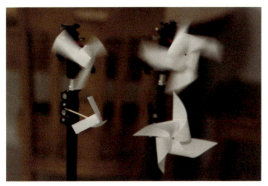

6-29 ◆同乐

纸风车 [tʂʅ⁵³foŋ³⁵tʂʰɛ⁵⁵]

用纸折成的风车状的玩具。迎风时"纸风车"受风的吹动会转动，风越大风车转动的速度越快。"纸风车"可装上木柄，以便手持玩耍；也有人把多个风车挂成串，风吹时很多"纸风车"一齐转动，颇为壮观。

6-28 ◆同乐

纸炮 [tʂʅ⁵³pʰau²¹³]

一种折纸玩具，也叫"纸甩炮" [tʂʅ⁵³ʃuai⁵³pʰau²¹³]。有多种不同的折法，但都包含一个内折的部分。抓紧"纸炮"用力往下甩，内折的纸会弹开，导致空气突然震动，发出爆鸣声响，宛若炮声，故名。

6-30 ◆同乐

东南西北 [toŋ³⁵lã³¹ʃi³⁵pɛ³¹]

一种儿童玩的折纸玩具。把正方形纸的四个角往里折，再反过来折，前后左右压两下；外侧四个面分别写上"东""南""西""北"，内侧八个面各写上一个词，这些词褒贬不同。玩时，手指从下方套入折纸，捏住，并让小伙伴从"东南西北"中选个方向，说个数字，根据数字开始来回变换手指走向，带动折纸，看看按这个数字翻开的那个面是什么词。

6-25 ◆同乐

风车 [foŋ³⁵tʂʰɛ⁵⁵]

竹蜻蜓，一种中国传统的民间儿童玩具。由两部分组成：一是竹柄，把竹木削成长约20厘米、直径4至5毫米的细棍；二是"翅膀"，取长18至20厘米、宽2厘米、厚0.3厘米的竹片，中间钻出一个直径4至5毫米的圆孔，用来安装竹柄，并在圆孔两边各削出一个对称的斜面，使"风车"可随空气旋涡上升。"翅膀"做好后，将竹柄插入小孔即可。玩时，两个手掌夹住竹柄，快速一搓，双手一松，"风车"就会向上飞起。

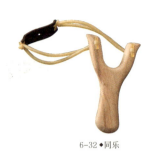

6-32 ◆同乐

弹弓 [tã²¹koŋ³⁵]

一种游戏工具。一般用树木的枝丫制作，呈"丫"字形，上端两头系上皮筋，皮筋中段系有一块裹弹丸的皮块。旧时多用来打鸟，现在仅用于射击游戏。

6-36 ◆逻沙

木鱼 [mu³¹y³¹]

打击乐器。用木槌敲击发声，常作为做法事时的伴奏乐器。

边鼓 [piɛ̃³⁵ku⁵³]

混合击膜鸣乐器。传自壮族，常用于铜鼓乐合奏，也是"道公"[tau²¹koŋ³⁵]当地民间的神职人员做法事时的伴奏乐器。在壮族铜鼓乐合奏时，边鼓是主要的衬托乐器。演奏时，一般用左手托持鼓框，右手拍击或以小木棍为槌敲击。边鼓声音坚实清脆，但音量不大。

锣 [lo³¹]

一种金属类的打击乐器。用铜打制，结构比较简单，锣身为一个圆形的弧面，四周有边框固定。演奏时，左手提着套锣的绳套，右手用木槌敲击锣身正面，使之振动发声。常作为做法事时的伴奏乐器。

6-35 ◆同乐

6-38 ◆同乐

6-31 ◆同乐

纸枪 [tʃʅ⁵³tʃʰiaŋ³³]

　　用纸折成的手枪玩具。把纸卷成细长的管，充当枪管；用纸折出两个正方形、一个长方形，组装成枪柄；将枪管和枪柄组装在一起，即成纸枪。旧时孩子们喜欢玩打仗游戏，纸枪便是他们的"武器"。

6-37 ◆逻沙

双铃 [ʃuaŋ³⁵lin³¹]

　　碰奏体鸣乐器，一般作为器乐合奏中的打击乐器。用响铜或黄铜制作；形如一对杯状小钟，直径约 5.5 厘米，高约 4.5 厘米；铃底有孔，可将细绳穿过，把两个铃连在一起。两个小铃可以撞击发声，也可以单铃挂在棍棒一端，用细金属棒击奏。音色清脆悦耳。常作为做法事时的伴奏乐器。

6-34 ◆逻沙

鼓 [ku⁵³]

　　一种打击乐器。鼓身为两头略小、中间略鼓的圆筒，中空，一面或双面蒙上绷紧的动物皮。以鼓杵敲击发声。常作为舞龙的伴奏乐器。

波ᵖ捋ᵖ [po³⁵lo⁵⁵]

　　陀螺。由三部分组成：上部分球形；中段为圆柱体；底部为圆锥体，尖锐。以前一般用特别硬的木料削成。玩时可用绳子缠绕，用力抽绳，使其直立旋转。抽绳的力度和技巧是陀螺直立旋转时间长短及旋转速度快慢的关键，一般来说，抽绳力度越大，陀螺立得越直，旋转时间就越长，旋转速度越快。除了个人游戏，也可两人用陀螺互斗，一方甩出陀螺使之直立旋转后，另一方甩出陀螺击打前一位的陀螺，先倒地者负。

6-33 ◆同乐

钹 [po³¹]

一种铜制圆形的互击体鸣乐器。常和铙（见图 6-40）配合演奏。以两个圆铜片为一副，每个铜片中心鼓起成半球形，正中有孔，可以穿绸条等便于持握。双手各执一片，两片互击发声。常作为做法事时的伴奏乐器。

铙 [ʒau³¹]

一种铜制圆形的互击体鸣乐器。常和钹（见图 6-41）配合演奏。以两片为一副，两手各执一片，互击发声。常作为做法事时的伴奏乐器。

点子 [tiɛ̃⁵³tsɿ⁵³]

一种小型的金属类打击乐器，形状似锣（见图 6-38）但比锣小。用铜打制。演奏方式与锣相同。常作为做法事时的伴奏乐器。

海角 [xai⁵³ko³¹]

用海螺壳制成的号角。用嘴吹奏，会发出"呜呜"的声音。常作为做法事时的伴奏乐器。

6-42◆逻沙

八仙 [pa³¹ʃiɛ̃³⁵]

　　唢呐。木制管身，呈细长圆锥形，上端装有带哨子的铜管，下端套一个铜制的喇叭口。音量大，音色明亮，是红白喜事及各种娱乐活动中常用的吹管乐器。有时也指唢呐队伍，因由八人组成，故名。

6-44◆逻沙

快板 [kʰuai²¹³pã⁵³]

　　传统说唱艺术，也指其所用的道具。唱词用韵比较自由，一段唱词可以自由转韵。表演时演员用竹板击打节拍，一般只表演说理或抒情性较强的短篇节目。表演时的"快板"用两片或多片竹片组成，上端用红绸连接。

6-48 ◆ 逻沙

戏台 [ʃi²¹³tʰai³¹]

供戏曲表演的台子。戏台一般高出地面 1 米左右；有顶，可遮雨；里端有墙；两端无墙，仅用立柱支撑，便于演员上场和退场。"高山汉"热爱传统戏曲，逢年过节常有戏曲演出。

6-45 ◆ 逻沙

花棍 [xua³⁵kuən²¹³]

一种摇奏乐器。用细木棍或细竹竿制成；棍长 80 至 100 厘米、直径约 3 厘米，在距两端 5 至 10 厘米处，各开一个长 10 厘米、宽 1.5 厘米或三四个较短的透空孔；从侧面钻一小孔穿入铁钉作轴，再分别嵌入四五个小铜钱。摇动"花棍"，铜钱撞击孔壁而哗哗作响。花棍表面涂红、黄、蓝等色，两端系扎若干彩色绸布细条为穗，以作装饰。主要用于唱灯戏，当地有专门的"花棍舞"。

6-46◆逻沙

月琴 [yɛ³¹tʃʰin³¹]

　　传统弹拨乐器。音箱呈圆形，琴颈短小。全长约 60 厘米，音箱直径约 36 厘米。琴颈和音箱边框用红木或紫檀木制成，边框用六块规格一致的弧形木板胶接而成；面板和背板用桐木制成。音箱内有两道音梁，支两个音柱；四轴，四弦，每两弦同音，五度定弦；琴颈和面板上设多个品位。常用于唱灯戏时伴奏。

6-49◆逻沙

6-47◆逻沙

戏鞋 [ʃi²¹³xai³¹]

　　演出传统戏曲时，扮演古代人物的演员穿的戏鞋。

二胡 [ə²¹³fu³¹]

　　也叫"□琴"[oŋ²¹³tʃʰin³¹]。常用于唱灯戏时伴奏。

6-51 ◆逻沙

6-50 ◆逻沙

灯笼 [tən³⁵loŋ³¹]

一种笼状灯具。外层多以细篾或铁丝等制成骨架，表面蒙上纸或纱等透明物，内燃灯烛。旧时可供照明，现在可作为装饰。现今更主要的功能是作为当地"唱灯"[tʃʰaŋ²¹tən³⁵]当地一种民间曲艺的道具。

戏烟杆 [ʃi²¹iɛ̃³⁵kã³³]

戏曲演出中老头儿、老太太扮演者的常用道具。使用时，演员持其做吸烟状。

稻草龙 [tau²¹³tʃʰau⁵³loŋ³¹]

用稻草编织串接起来的龙。舞法与一般的舞龙相似。

6-53 ◆逻沙

6-52 ◆逻沙

板凳龙 [pã⁵³tən²¹³loŋ³¹]

　　一种舞龙舞蹈的道具。以长板凳充当龙身，饰以彩龙（木刻或纸扎彩绘）制成。板凳龙有多种样式的耍法。有独凳龙，可一人至三人舞：一人舞时，两手分别执前后腿；二人舞时，一人执前两腿，一人执后两腿；三人舞时，前二人单手执一腿，后一人双手执两腿。有多凳龙，组成人数多至九人：每人各举一凳；首名示龙头，末名示龙尾，其余为龙身；另由二人举龙珠（见图6-54）逗引龙行进，数人协调行动，节节相随，时起时落，穿来摆去。

龙珠 [loŋ³¹tʃu³⁵]

　　舞龙的道具。舞龙时，龙珠居龙头前，舞龙者在龙珠的引导下，手举龙身，随鼓乐伴奏，通过人体的运动和姿势的变化完成龙的游戏。有穿、腾、跃、翻、滚、戏、缠、组合造型等动作和套路。

6-54 ◆逻沙

203

6-56◆同乐

文殊菩萨 [uən³¹ʃu⁵⁵pʰu³¹sa⁵⁵]

部分"高山汉"信奉佛教，所以庙宇内供奉有文殊菩萨。

如来佛 [ʒu³¹lai³¹fu³¹]

部分"高山汉"信奉佛教，所以庙宇内供奉有如来佛。

6-55◆同乐

中国语言文化典藏

观音洞 [kuã³⁵in⁵⁵toŋ²¹³]

观音庙，也叫"观音禅寺"[kuã³⁵in⁵⁵tʃʰã³¹sɿ²¹³]。供奉观音菩萨（见图 6-58）的庙宇一般依托岩洞而建，多为后洞前阁的格局，故名。

乐业

陆·日常活动

山神土地 [ʃã³⁵ʃən³¹tʰu⁵³ti²¹³]

当地传说管山的神灵。"高山汉"认为山间有"山神土地"管理，能为大家提供护佑，所以山脚都盖有小庙，供奉"山神土地"。庙里供奉的"山神土地"，有的是雕像或塑像，有的是状似佛像的木头或石头，有的仅有牌位。

小庙 [ʃiau⁵³miau²¹³]

供奉"庙神菩萨"[miau²¹³ʃən³¹pʰu³¹sa³⁵]的地方。每村都设有一座，一般位于村口。庙很小，仅约2米宽。"高山汉"相信"庙神菩萨"可保一方平安。

当方土地 [taŋ²¹faŋ³⁵tʰu⁵³ti²¹³]

当地传说管理一小片区域的神灵。"当方"即当地，本地。在"高山汉"的观念里，"当方土地"会保某一区域平安。有的一村有一个，有的一家就有一个。据说"当方土地"在其管辖的区域内非常灵验，即使野猫偷鸡也必须经过他们同意。供奉"当方土地"的小庙一般供奉的是披挂红布的土地公和土地婆；有的庙很小，没有佛像（见图 6-60）。

6-64 ◆同乐

6-67 ◆同乐

香 [ʃiaŋ³⁵]

祭祀活动的用品，点燃后会产生袅袅香烟。一般用木材粉末和着香料、药剂再加黏合剂压制而成。木材粉末的原料有沉香木、檀香木、香柏等木材或者其树皮；香料可以用安息香、乳香等。旧时多自制，现多为机器制成。

蜡烛 [la³¹tʃu³¹]

各种祭祀、祭拜都须点的红烛。

香炉碗 [ʃiaŋ³⁵lu³¹uã⁵³]

香炉，民俗、宗教、祭祀活动中插香用的容器。可用铜、陶瓷、金银、竹木、珐琅及玉石等制成。多为圆形，三足，放置时一足在前，两足在后。

莲花烛 [liɛ̃³¹xua³⁵tʃu³¹]

拜佛时专用的蜡烛。荷花状，红色或粉红色。

6-63 ◆同乐

6-68 ◆同乐

火纸 [xo⁵³tʂʅ⁵³]

　　祭祀用的纸钱。使用前要在"火纸"上用工具打出一系列连续且有间隔的"钱眼" [tʂʰiɛ̃³¹iɛ̃⁵³]
孔洞。所使用的工具包括:"钱钻" [tʂʰiɛ̃³¹tsã²¹³],铁制的状似凿子的工具;"打纸锤" [ta⁵³tʂʅ⁵³tʂʰuei³¹],
木制的用来敲击"钱钻"顶部使"钱钻"在"火纸"上钻出孔洞的工具;"打纸凳" [ta⁵³tʂʅ⁵³tən²¹³],
垫在"火纸"下的类似砧板的木墩。在"火纸"上用"钱钻"打制"钱眼",要打出一排连串的
七个或九个;一般的纸钱"钱眼"要打三排,长的纸钱要打五排;要求一锤打成,据说"一锤是钱、
二锤是铁、三锤用不得"。

6-70 ◆同乐

6-74 ◆同乐

大悲水 [ta²¹pəi³⁵ʃuəi⁵³]

对着装有清水的容器念《大悲咒》所得的水。盛装"大悲水"的容器一般是印有"大悲水"字样及《大悲咒》经文的瓷罐，当地认为饮用"大悲水"可以治病。

下坛 [ʃia²¹³tʰã³¹]

置于"香火"（见图6-73）下方供奉"下坛祖师"[ʃia²¹³tʰã³¹tsu⁵³sʅ³³]的神位。逢年节祭拜天地鬼神时，要烧香，点一副红烛，上祭品。祭品一般包括糖饼、酒水等。

神灯 [ʃən³¹tən³⁵]

过年、祭祀、供神时使用的灯盏。杯状容器，内有灯芯，以菜油和茶油等植物油作为燃料，使用时点燃直至油干。如为家中使用，一般晚上点燃后要一直燃烧，油将尽时加满油又可再燃4至5个小时。

供茶 [tʃioŋ²¹³tʃʰa³¹]

祭奠先祖的方式之一，用茶水作为祭品上供。一般需茶杯三个，如增加也必须是单数。"供茶"时需从右至左往三个茶杯中斟茶，连斟三次。祭奠结束后，把茶杯里的茶水倾倒在牌位前。

6-69 ◆同乐

6-76 ◆同乐

6-75◆同乐

6-73◆同乐

灶王菩萨 [tsau²¹³uaŋ³¹pʰu³¹sa³⁵]

即北方所称的"灶神""灶王爷""灶君""灶君司命",传说是等级最低的地仙。传说每年腊月二十三日晚,"灶王菩萨"上天汇报,正月初四返回人间。"高山汉"的住宅里,一般没有专门供奉"灶王菩萨"的神龛,只在灶台靠墙处插上香,供上一杯水,就算是供奉"灶王菩萨"了。

香火 [ʃiaŋ³⁵xo⁵³]

神台,神龛。设在"堂屋"(见图1-10)的正面,用来供奉祖宗。中间的文字为"天地君亲师(位)",周边写上说明家族来源的文字,两侧贴有内容为祝愿家族兴旺发达的对联。同一家族的"香火"文字内容一致,所以"香火"是认亲的凭证。"香火"下方是神桌,用来摆放供品。

万年灯 [uã²¹³ȵiɛ̃³¹tən³⁵]

庙里佛像前点的灯。以菜油、茶油等植物油为燃料。燃时需及时补充油料,使之长明而不熄灭。图6-71中,居中的即为"万年灯"。

糖食果饼 [tʰaŋ³¹ʃ³¹ko⁵³pin⁵³]

祭拜神佛用的供品。一般包括糖块儿、水果和饼干。

6-72◆同乐

6-71◆同乐

八卦镜 [pa³¹kua²¹³tʃin²¹³]

挂在门上用于辟邪的镜子，镜上有八卦。八卦是中国道家文化的概念，是一套用四组阴阳组成的哲学符号，在中国文化中与"阴阳五行"一样，是用来推演宇宙空间时间各类事物关系的工具。每一卦形代表一定的事物，乾代表天，坤代表地，坎代表水，离代表火，震代表雷，艮代表山，巽代表风，兑代表泽。八卦互相搭配又推演成六十四卦，用来象征各种自然现象和人事现象。

6-80◆同乐

架桥 [tʃia²¹³tʃʰiau³¹]

消灾的迷信做法。"高山汉"认为，有的人遇到灾厄是因为命中缺桥，要解难消灾就得在沟上架桥。这种"桥"比较简单，只需两块木板或竹板在沟上架出桥形，并写上架桥目的，所以并非实用的桥；现在也有用水泥浇筑的实用桥。架桥需备酒、肉、鸡等祭品，请法师施法后才能架。根据"架桥"目的的不同，分有功名桥、寿缘桥、子嗣桥三种。

烧纸 [ʃau³⁵tʃʅ⁵³]

清明扫墓时，在坟前烧化纸制祭品的仪式。旧时一般只烧"火纸"（见图6-66），现在还会烧纸制的房屋、衣鞋、汽车、手机、银行卡、元宝等物品。这些纸制的祭品要完全烧化，据说这样先人才能收到。其他节日也需"烧纸"，但一般在住宅附近进行。因"烧纸"会造成一定的空气污染，所以政府提倡送鲜花之类的祭品。

6-77◆花坪

6-81◆同乐

6-82 ◆同乐

6-79 ◆同乐

指路碑 [tʂɿ⁵³lu²¹pəi³⁵]

辟邪的用品。立在三岔路口，高约二尺，宽一尺多，碑上还刻有期望达到的效果。据说可使久病的孩子痊愈，使爱哭的孩子改掉爱哭的毛病。

符 [fu³¹]

辟邪习俗。用黄纸写上咒语，盖上红印，并把符贴在门的正上方。据说这样一来妖魔鬼怪、污秽的事物就无法进入家门，由此可保家庭平安。

供饭 [tʃioŋ²¹fã²¹³]

逢年过节吃饭前召唤祖先先用餐。吃饭前，先烧纸钱，据说祖先就可享用餐食。"供饭"是年节用餐必不可少的环节。"供饭"后，大家才入座进餐。

6-78 ◆同乐

柒·婚育丧葬

人的一生，一般都要经历出生、成长、结婚、生子、死亡等一系列过程。相应地，"高山汉"一生要经历诸多仪式。每一个仪式，都要祭祀祖先，大宴宾客，接送礼金，说吉利话。其中，婚庆及丧礼是所有活动中最隆重的。繁复的仪式和礼节，在一定程度上浓缩了"高山汉"的处世哲学。

旧时婚姻是"父母之命，媒妁之言"，定亲要经历"合八字"[xo³¹pa³¹tsɿ²¹³]比对双方年庚，据此判断双方是否适合婚配、"讨口气"[tʰau⁵³kʰəu⁵³tʃʰi²¹³]男方父母请媒人去征询女方父母意见，如得到同意，还要行"榨梳礼"[tʃa²¹ʃu³⁵li⁵³]媒人携礼品和一把梳子到女方家，征得女方父母同意，将梳子放在神台上，表示双方同意这门婚姻。定亲的过程叫"装香"[tʃuaŋ³⁵ʃiaŋ³⁵]男方本人携媒人、亲朋好友带礼品到女方家订婚，要经过"要八字"[jau²¹³pa³¹tsɿ²¹³]男方在女方家神台上香，摆上"刀头"[tau³⁵tʰəu³¹]（见图7-2）和两杯酒，女方父母报女方年庚，男方抄录。随着时代的变化，这些仪式已经大为简省甚至消失。及至"办酒"[pã²¹³tʃiəu⁵³]婚礼全过程，每个家庭都尽其所能筹办婚礼，家族成员、亲朋好友都会投身到这些程序化的

仪式当中，给婚礼以积极的协助。

"高山汉"妇女生育，要坐月子，婴儿要"剃胎毛"[tʰi²¹tʰai³⁵mau³¹]（见图7-39）。如是头胎，还要"打三朝"[ta⁵³sã³⁵tʃau⁵³]（见图7-43），送"花背带"[xua³⁵pəi⁵⁵tai²¹³]（见图2-96）。

当一个人终老，亲人会期望他死后风光，灵魂享福，庇佑子孙，于是花大钱请"道公"为他超度亡魂，择福地安葬，举办热闹风光的葬礼。家族全体成员、亲朋好友再一次相聚，投身到程序化的仪式中，去完成对逝者的缅怀、祝愿以及对亲友的安慰。

每一个"高山汉"的一生，似乎都在这样一场又一场的仪式中度过。"高山汉"居住分散，旧时交通十分不便，亲友相聚的机会不多，这些仪式、庆典无疑为大家提供了一个又一个团聚、交流情感、沟通信息的机会。

7-1 ◆同乐

嫁妆 [tʃia²¹tʃuaŋ³⁵]

女方家庭用于陪嫁的物品。嫁妆必须包括两袋稻谷，寓意婚后吃穿不愁，称为"送衣禄" [soŋ²¹i³⁵lu³¹]。此外，还有被子、箱子、衣柜、两口柜子等物品，旧时富裕人家还送牛送马，现在送车。结婚当天，嫁妆需经由"押礼先生" [ia³¹li⁵³ʃiɛ³⁵ʃən⁵⁵]（见图 7-12）清点，由"接亲人" [tʃɛ³¹tʃʰin³⁵ʒən³¹]男方派往女方家接新娘的人在新娘出门前带上路，在新娘到达婆家前送到婆家。

7-2 ◆同乐

刀头 [tau³⁵tʰəu³¹]

新娘出嫁之日用来祭拜女方祖先的猪肉。新娘出门前，把带皮的猪肉切成四方形后煮熟，插上一双筷子，摆放在神龛前祭拜祖先。"刀头"也可用于"要八字"或其他祭祀活动。

点喜烛 [tiẽ⁵³ʃi⁵³tʃu³¹]

出嫁前的祭祖仪式。新娘出门前，由"押礼先生"（见图7-12）把喜烛点上，把香点燃插好，把"刀头"（见图7-2）摆上，新娘拜别祖先后方可出门。

出门 [tʃʰu³¹mən³¹]

新娘出嫁的第一个仪式。新娘在婚服外套上公认命好的老妇人的旧衣服，穿上这个老妇人穿过的旧鞋子，寓意她到婆家后有好运，夫妻恩爱，子孙满堂。从里屋走到"堂屋"（见图1-10），拜别祖先；撑着经法师施法可辟邪的黑伞从"堂屋"走出，在屋外换上男方送的红伞，脱掉旧衣旧鞋，换上新鞋。

送红包 [soŋ²¹xoŋ³¹pau³⁵]

新娘走出房门时，新娘的亲戚给新娘递红包，并赠以吉利话表示祝福，与新娘辞别。

7-5◆同乐

哭嫁 [kʰu³¹tʃia²¹³]

"出门"（见图7-4）后的习俗。"高山汉"认为，姑娘出嫁，离开了生育自己的父母，离开自己的家庭，就变成别家的人了；同时，可能面临婆媳相处的难题。所以，要用哭泣来表达对家人的不舍和对未来的担忧。

7-6◆同乐

7-7◆同乐

盖礼 [kai²¹li⁵³]

男方家庭在结婚前一天送的礼物。旧时男方会在接亲前一天，把猪、酒、糍粑、"米花"（见图8-6）等请"押礼先生"（见图7-12）送到女方家里，供女方祭祖以及招待宾客食用。

八仙迎亲 [pa³¹ʃiɛ̃³⁵in³¹tʃʰin³⁵]

迎亲仪式。新郎家里组织的"八仙"[pa³¹ʃiɛ̃³⁵]唢呐队伍，由八人组成队伍举行以下仪式："八仙进屋"[pa³¹ʃiɛ̃³⁵tʃin²¹³u³¹]，新娘出嫁前一天，随接亲队伍到新娘家吹奏；"八仙迎亲"，新娘出门时，"八仙"走在新娘前面，一路吹打，新娘随"八仙"走出家门，前往婆家；"吹号"[tʃʰuəi³⁵xau²¹³]，新娘走出娘家门和到达婆家时，"八仙"吹响唢呐，既起提醒作用，又烘托喜庆气氛。

7-8◆同乐

新郎 [ʃin³⁵laŋ³¹]

结婚时的男子，也叫"新郎官"[ʃin³⁵laŋ³¹kuã³⁵]。

7-9◆同乐

押礼先生 [ia³¹li⁵³ʃiɛ̃³⁵ʃən⁵⁵]

男方派出的负责双方礼品押送及其他工作的男子，一般由大家公认的能干的男子担任。"押礼先生"负责把男方的"盖礼"（见图7-7）带到女方家，把女方的嫁妆（见图7-1）带到男方家，并做好清点工作，确保物品不会遗失。也负责操办女方家的祭祀仪式。

7-12◆同乐

新姑娘 [ʃin³⁵ku³⁵ȵiaŋ⁵⁵]

新娘。

伴娘 [pã²¹³ȵiaŋ³¹]

　　陪伴新娘参加婚礼的女子，一般由新娘的两个同性好友担任。在婚礼的每个步骤，伴娘始终陪伴左右，帮助新娘做一些不便做的事。旧时男方还会派出接亲的女性，称为"接亲姑娘" [tʃe³¹tʃʰin³⁵ku³⁵ȵiaŋ⁵⁵]，一般跟在新娘和伴娘的后边。

7-13◆同乐

媒婆 [mɛ³¹pʰo³¹]

　　媒人，在婚姻嫁娶中起牵线搭桥作用的妇女，也叫"媒脑壳"[mɛ³¹lau⁵³kʰo³¹]。婚礼中，媒婆首先要确保女方家要求的"盖礼"（见图7-7）都已送到；其次，引领女方家的"送亲客"[soŋ²¹³tʂʰin³⁵kʰɛ³¹]（见图7-14）到男方家，媒婆带女客，其夫带男客；新娘"出门"（见图7-4）时，媒婆还要负责把黑伞换成红伞。

圆亲娘 [yɛ̃³¹tʂʰin³⁵ɲiaŋ³¹]

　　结婚时负责带新娘进男方家门并为新人铺床的老年妇女，由男方家请。必须是公认的有福气的中老年妇女。"圆亲娘"必须在新娘进入洞房前完成"理铺"[li⁵³pʰu²¹³] 把从女方家带来的床上用品铺到床上，把结婚用的"花铺盖"[xua³⁵pʰu⁵³kai²¹³]、"花枕头"[xua³⁵tʂən⁵⁵tʰəu³¹]、"花床单"[xua³⁵tʂʰuaŋ³¹tã³⁵] 洞房内床上用品均以"花"命名铺好，并把新娘领进男方家大门，寓意新人以后会沾她的福气，和她一样过上幸福的生活。

7-15◆同乐

送亲客 [soŋ²¹tʃʰin³⁵kʰɛ³¹]

送新娘到新郎家的女方亲人，也叫"送客"[soŋ²¹kʰɛ³¹]。旧时一般由三男三女共六人组成，由女方已婚的兄弟、叔叔或堂兄弟及其配偶组成；现在习俗已经改变，不再限定人数，由女方根据实际需要组成。

红盖头 [xoŋ³⁵kai²¹³tʰəu³¹]

新娘出嫁时用来盖住头部的红布，也叫"花巾"[xua³⁵tʃin⁵⁵]。旧时，红盖头可完全遮住新娘的头部，目的是避免其他人看见，也可以避免新娘害羞；现在，红盖头一般用半透明的面料制成，不再完全遮蔽新娘头部。

7-18 ◆同乐

7-17 ◆同乐

挡手巾 [taŋ⁵³ʃəu⁵³tʃin³⁵]

用来遮挡新娘双手的毛巾。按旧时习俗，婚礼时新娘皮肤不得有丝毫暴露，头部有红盖头遮盖，双手则需用毛巾遮挡。

头花 [tʰəu³¹xua³⁵]

新娘的头饰。用金属片等制成，富有喜庆色彩。

拜堂 [pai²¹³tʰaŋ³¹]

婚礼中最重要的仪式。一般是夫妻二人先拜祖宗，再拜父母，后拜天地。接着新郎朝"香火"（见图 6-73）跪拜三次，以示将婚事禀告祖宗，并感谢祖宗的保佑。

7-21 ◆同乐

中国语言文化典藏

7-19 ◆同乐

回喜神 [xuəi³¹ʃi⁵³ʃən³¹]

将"喜神"送回的仪式。传说新娘结婚时有"喜神"跟随，因此，在离男方家 10 米左右且队伍必经的路边设坛，新娘到达时，由相关人员施法，并把公鸡从新娘头上丢过，仪式即成。

地伏灯 [ti²¹³fu³¹tən³⁵]

用于驱邪的灯。把碗倒扣，在碗底倒上植物油，点燃，盖上筛子，筛子一端扣在碗边的矮凳上。新娘进门前备好。新娘进门时由"圆亲娘"（见图 7-15）搀扶着从上方跨过，这个仪式称为"□地伏灯"[tʃʰua³¹ti²¹³fu³¹tən³⁵]。据说这样可以破解别人施的让家庭不和睦的法术，并将一些污秽的东西挡在屋外。

7-20 ◆同乐

喝喜茶 [xo³⁵ʃi⁵³tʃʰa³¹] | 送礼信 [soŋ²¹³li⁵³ʃin²¹³]

　　婚礼前后与亲戚一道喝茶、送礼金的活动。婚礼前一晚的晚餐后，女方请自己的叔伯、外祖父、舅舅们到家中吃"米花"（见图 8-6）、喝茶，请大家在婚礼时帮忙；大家吃完"米花"，将礼金放在盛"米花"的碗上送给新娘。婚礼次日早晨，男方请自己的叔伯、外祖父、舅舅们在自家吃"米花"、喝茶，对他们在婚礼时的帮助表示感谢；新娘向新郎叔伯等赠送礼品，旧时送的一般是新娘自己纳的布鞋，现在一般送机制布鞋及毛巾。新娘送礼品的环节叫作"送礼信"。大家吃完"米花"，将礼金放在盛"米花"的碗上送给新郎。"喝喜茶"时送的礼金不记入人情账。

7-23◆同乐

7-22◆同乐

敬茶 [tʃin²¹³tʃʰa³¹]

婚礼仪式之一。新娘家的"送亲客"（见图
7-14）及媒婆（见图7-13）、"媒公"[məi³¹koŋ³⁵]
_{做媒的男子}到男方家后，新郎向他们敬茶，以示
问候与感谢。

洗和气脸 [ʃi⁵³xo³¹tʃʰi²¹³liɛ̃⁵³]

新娘与全家人用同一盆水先后洗脸的
仪式。婚礼次日一早，新娘端来一盆水，新
娘先洗脸，接着按新郎、婆婆、公公、家里
兄弟姐妹的顺序，逐一洗脸。据说这一仪式
可以使新娘在今后的日子里与婆家人和睦
相处。如遇疫情，这一仪式会省略。

摆酒 [pai⁵³tʃiəu⁵³]

摆酒席。当地把参加婚礼叫作"吃酒"[tʃʰi³¹tʃiəu⁵³]，一般在中午进行。参加婚礼人数少则
二百人，多则上千。"摆酒"至少要上12道菜，其中"大菜"至少6个，一般是鸡肉、红烧肉、
叉烧、红烧排骨、甜扣肉、咸扣肉、炖猪脚；"小菜"有猪下水、花生和各种蔬菜。"摆酒"一
般在室外，摆6到10桌，每桌10人。哪桌坐满，哪桌上菜。一桌散去，一旁等待的宾客接着入席。

7-26◆同乐

7-30◆同乐

门帘 [mən³¹liɛ̃³¹]

专门挂在洞房门口的帘子。由女方家里准备。一般由红布和挂珠组成，布上书"囍"字，起喜庆、装饰作用。门帘随嫁妆一起送到新郎家，"圆亲娘"（见图7-15）布置婚房的时候将其挂在洞房门口，一般会一直挂到损坏才取下。

厨房 [tʃʰu³¹faŋ³¹]

专指为准备酒席饭菜而临时搭建的场所。"高山汉"的酒席多为自家准备，参加人员众多，菜品丰富，流程复杂，需要专门的场所制作、烹饪这些菜肴。

7-28◆同乐

中国语言文化典藏

喜礼 [ʃi⁵³li⁵³]

为参加婚礼的人准备的小礼品，一人一份。旧时是核桃、板栗、花生、瓜子，现在多用鸡蛋和饼代替核桃、板栗。

7-27 ◆同乐

收人情 [ʃəu³⁵ʒən³¹tʃʰin³¹]

收取参加婚礼及其他喜事的宾客送的礼金。一般要安排一名可靠的自家人负责此事。办酒席的人家备好礼金簿，"收人情"的负责人要及时把送礼人姓名和礼金金额登记到礼金簿上。

7-29 ◆同乐

231

7-34 ◆ 同乐

回门 [xuəi³¹mən³¹]

结婚后新娘第一次回娘家。婚后第三天，新郎新娘带上"回门礼"（见图 7-35）到女方家，以示对女方父母及"送亲客"（见图 7-14）的答谢。"回门"必须有一个姑娘陪送，新郎新娘在娘家吃完饭即回婆家，不留宿。

7-35 ◆ 同乐

回门礼 [xuəi³¹mən³¹li⁵³]

新郎新娘"回门"（见图 7-34）时所带的送给女方父母及"送亲客"（见图 7-14）的礼品。旧时，"回门礼"一般有四份，每份中都包括"米花"（见图 8-6）、糍粑和一块猪肉，分别送给女方父母和三对"送亲客"；现在，送"回门礼"的人家已经不太多，即便有，也不像旧时那样对物品有严格要求。

7-33 ◆同乐

7-32 ◆同乐

挂红 [kua²¹³xoŋ³¹]

婚礼仪式之一。如家门前有石狮子，要在其脖子上扎一条红布，以示喜庆。

花烛 [xua³⁵tʃu³¹]

婚礼时使用的红烛。成对使用，分别绘有龙和凤的图案，象征男女双方。使用时，一般要燃两副，一副略大一副略小。大烛居内侧，为主烛；小烛靠外，为陪烛。均摆在神龛前两侧。

新房间 [ʃin³⁵faŋ³¹kã³⁵]

洞房，新婚夫妇的居室。房间内贴大红双喜字，起烘托结婚气氛的作用。旧时并没有这一类装饰物，二十世纪八十年代后才出现。

7-31 ◆同乐

7-38 ◆ 火卖

贺喜祖宗 [xo²¹³ʃi⁵³tsu⁵³tsoŋ³³]

婴儿出生后的祈祷祝福仪式。婴儿出生第三天一早,把用公鸡做成的"白斩鸡"[pɛ³¹tʃã⁵³tʃi³³](见图 4-55)一只、"刀头"(见图 7-2)一块、酒三杯、饭两碗供在神桌上,婴儿父亲焚香、烧钱纸。上香的同时,婴儿祖母祈祷祖宗保佑婴儿健康、快乐成长,长大有出息。

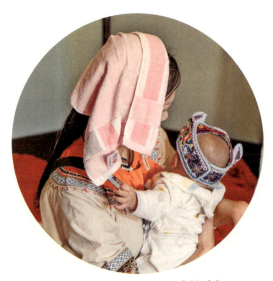

包头 [pau³⁵tʰəu³¹]

防止产妇头部被风吹的做法。当地人认为,月子期间如头部被冷风吹会导致头痛,因此要用头巾将头部包实。

7-36 ◆ 火卖

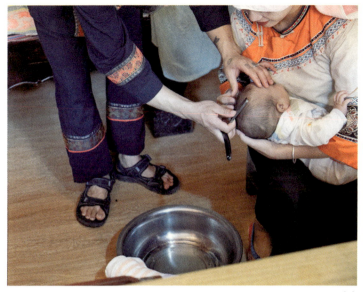

剃胎毛 [tʰi²¹tʰai³⁵mau³¹]

婴儿出生第三天早晨，给婴儿剃眉毛、头发。"高山汉"认为，婴儿出生第三天要将其头发和眉毛剃干净。如果头发剃不干净，长大后人品不端，为人懒惰；如果眉毛剃不干净，会缺乏远见，还会有偷盗的毛病。

补身子 [pu⁵³ʃən³⁵tsɿ⁵³]

产妇滋补身体。"高山汉"认为产妇产后身体虚弱且身体有伤，吃鸡肉，喝鸡汤、鸡蛋汤能快速滋补身体，也能保证充足、优质的奶水。因此一日三餐除米饭外只食用鸡肉、鸡汤、鸡蛋汤，直到婴儿满月，条件好的会补满 40 天。生活贫困的家庭，也会用猪肉、黄豆代替。

乐业 ｜ 柒·婚育丧葬

7-40 ◆火卖

报喜 [pau²¹³ʃi⁵³]

头胎孩子出生第三天早晨，婴儿父亲到岳父岳母家报告喜讯。生男孩儿，带一只公鸡；生女孩儿，带一只"子鸡" [tsʅ⁵³tʃi³³] 即将下蛋的母鸡。

看望 [kʰã²¹uaŋ²¹³]

"报喜"后约五六天，婴儿外祖父外祖母前往看望女儿和外孙，并与亲家商议"打三朝" [ta⁵³sã³⁵tʃau⁵³]（见图7-43）事宜，如："打三朝"的时间，前来参加"打三朝"的人员。

7-42 ◆火卖

中国语言文化典藏

回喜 [xuəi³¹ʃi⁵³]

回送礼品。女婿"报喜"后，吃完午饭，产妇娘家回送两只鸡（"报喜"带来的鸡和另一只性别不同的鸡）、一篮鸡蛋、三四斤猪油、一二十斤大米等礼品。

打三朝 [ta⁵³sã³⁵tʃau⁵³]

头胎婴儿满月前，外祖父外祖母组织亲朋好友前去祝贺，并送上贺礼。贺礼必有"花背带"（见图2-96）一条，所以"打三朝"也叫"送背带"[soŋ²¹pəi⁵⁵tai²¹³]。贺礼还包括："子鸡"六只或八只，鸡蛋几十个，大米二十斤以上，猪油、"甜酒"（见图4-20）各一坛，被子两三条，婴儿服装、尿片、包被若干。贺礼摆放在"堂屋"（见图1-10）。婴儿外祖母焚香、烧纸钱为婴儿祈祷。仪式后，婴儿祖父祖母宴请宾客。

7-48 ◆同乐

灵堂 [lin³¹tʰaŋ³¹]

　　摆放棺材以守灵的场所。传统木结构房子中，灵堂设在"堂屋"（见图1-10），在棺材前摆一张八仙桌，供奉逝者牌位及地藏王菩萨神像；"堂屋"正面左侧靠里的角落摆一张八仙桌，供奉释迦牟尼神像。灵堂内墙上挂满各种与"道场" [tau²¹³tʂʰaŋ³¹]（见图7-58）有关的神像。

7-46 ◆同乐

花寿帽 [xua³⁵ʃəu²¹mau²¹³]

　　为女性老人准备的绣花的寿帽。均为家人或自己制作，一般会绣上"寿"字及精美的花样。

238

寿鞋 [ʃəu²¹³xai³¹]

老人去世后穿的鞋子。女性老人穿的是"女寿鞋" [ny⁵³ʃəu²¹³xai³¹]，鞋面红色，上绣精美花样；男性老人的则是黑色鞋面，只绣一个"寿"字。旧时均为家人或自己制作。

老衣 [lau⁵³i³³]

逝者入殓时穿的衣服，也叫"寿衣" [ʃəu²¹i³⁵]。上衣需备三件，一黑一蓝一白，白色在里，蓝色居中，黑色在外；裤子只需一条。旧时"老衣"由老人自己缝制，老人60岁时就开始准备，据说这样可长寿。

寿枋 [ʃəu²¹faŋ³⁵]

棺材，也叫"老木" [lau⁵³mu³¹]。要选用上好的木料制成并用黑漆漆好。当地习俗，当老人年满60岁时，家里的后辈就开始为其准备"寿枋"，寓意长寿。

7-50 ◆同乐

挽联 [uã⁵³liɛ̃³¹]

办丧事时哀悼逝者、治丧祭祀的对联。一般在黄纸上书写,贴在大门两旁。

经堂 [tʃin³⁵tʰaŋ³¹]

办丧事时念经超度亡人的地方。一般设在不易被人打扰的靠内的清净之处,除法师、孝子外,其他人不能进入。据说其他人进入会带进有邪气的东西。

7-49 ◆同乐

中国语言文化典藏

守灵 [ʃəu⁵³lin³¹]

办丧事时逝者亲人于夜间守在灵柩旁。一是为了陪伴亡人，尽孝心；二是防止猫爬上棺材，"高山汉"认为黑猫跨过尸体或爬上棺材会导致"诈尸"[tʃa²¹ʃɿ³⁵]尸体忽然坐起。

烧纸架 [ʃau³⁵tʃɿ⁵³tʃia²¹³]

用铁丝网做成的烧纸钱和纸制祭品的器具。办丧事做"道场"（见图7-58）时，在架子上方烧纸钱和纸制祭品；下方一般会放置一个可防火的容器，以接纳燃烧物及灰烬。防火容器一般是半截报废的汽油桶。

7-54◆同乐

孝服 [ʃiau²¹³fu³¹]

丧服。根据穿着者身份不同，分为四类：
"全身孝衣"[tʃʰyɛ³¹ʃən³⁵ʃiau²¹i³⁵]（见图7-54），
头披长至脚踝的白色粗麻孝巾，身穿白色粗
麻布缝制的长衣；逝者的亲生儿子及儿媳妇
穿戴。"长孝"[tʃʰaŋ³¹ʃiau²¹³]，头披长及脚后
跟的白色粗麻孝巾。逝者女儿、女婿、孙子、
孙女以及其侄子、侄女适用；此外，与逝者
同族的其他子女辈已成家的每户一条，由家
长戴。"半长孝"[pã²¹³tʃʰaŋ³¹ʃiau²¹³]，头扎过腰
的白色粗麻孝带；逝者同族的孙辈、远房亲
戚的后辈适用。"普孝"[pʰu⁵³ʃiau²¹³]，头上扎
白色粗麻孝带。参加丧礼的人，除逝者兄姐
及以上所列亲人外，均戴"普孝"（包括逝
者弟、妹）。但按"高山汉"传统，长辈不
参加晚辈的丧礼。

7-56◆同乐

纸马 [tʃʅ⁵³ma⁵³]

以竹篾为骨架，以纸为外皮扎成的马。
据说是丧礼上做"道场"（见图7-58）时为
神灵准备的坐骑。在"道场"开始之前扎好，
在"道场"第一个环节"请佛"[tʃʰin⁵³fu³¹]时
使用，最后一个环节"化财"[xua²¹³tsʰai³¹]烧寄
给逝者的纸钱包裹时烧化。"纸轿"[tʃʅ⁵³tʃiau²¹³]用竹
篾扎成框架，糊上纸做成的轿子的功能与"纸马"相同。

供品 [koŋ²¹³pʰin⁵³]

　　祭品。各种祭祀逝者的物品。必须包括一头猪，以及糖、水果、糍粑（今为饼干）、豆腐等。旧时已出嫁的女儿、侄子侄女、关系特别亲近的亲戚的子女等前来祭祀逝者，都会准备这样一份供品。现今一般只用逝者家里已备好的供品祭拜，本应带来的供品则折合成现金交给逝者的家人。

乾隆花伞 [tʃʰiɛ̃³¹loŋ³¹xua³⁵sã⁵³]

　　送葬时拿到墓地悬挂的彩色纸制物品，据说可以帮助亡魂超度飞升。一整套"乾隆花伞"包含旗、花伞、纸制的龙等，加起来有三十多件。一般是由逝者女儿及侄女送的，其他人不送，且一送就要送一整套。据说是因为自乾隆年间开始流行而得名。也叫"旗龙花伞" [tʃʰi³¹loŋ³¹xua³⁵sã⁵³]。

包封 [pau³⁵foŋ⁵⁵]

给逝者"邮寄"纸钱的包裹。将一定数量的"火纸"（见图6-66）叠好，用黄纸包成方形的包，纸包正面右侧写上"邮寄"者姓名身份等信息，正中写上收受纸钱的逝者姓名身份信息，左侧写上祭语及时间。亲友参加逝者丧礼，往往会随赠多份。包封在墓前烧，叫"墓前化财"[mu²¹³tʃʰiɛ³¹xua²¹³tsʰai³¹]；农历七月十五日在家中烧包封（见图8-44），叫"中元寄钱"[tʃʰoŋ³⁵yɛ³¹tʃi²¹³tʃʰiɛ³¹]，也叫"上奉乙包"[ʃaŋ²¹foŋ²¹³i⁵³pau³³]，附有"早判生方"[tsau⁵³pʰã²¹ʃən³⁵faŋ⁵⁵]、"早升仙界"[tsau⁵³ʃən³⁵ʃiɛ³⁵kai²¹³]等祈祷语，落款处有"虔备冥财"[tʃʰiɛ³¹pəi²¹³min³¹tsʰai³¹]等字样。

化冥财 [xua²¹³min³¹tsʰai³¹]

办丧事时焚化纸制祭品和"火纸"（见图6-66），也叫"化财"。做完"道场"（见图7-58）后，道场班子领着逝者家属，把纸制祭品、"火纸"送到道路边宽阔处焚化。因这种方式容易造成环境污染，现在已不提倡。

道场 [tau²¹³tʃʰaŋ³¹]

丧礼迷信仪式，也叫"做道场"[tso²¹tau²¹³tʃʰaŋ³¹]。不同的"道场"持续时间不同，分别有 7 天、9 天、13 天的。期间除晚上休息 7 个小时左右，程序与仪式一场接着一场，每个仪式均需几个小时，十分复杂。"道场"一般包括"念经超度"[ȵiɛ²¹tʃin³⁵tʃʰau³⁵tu²¹³]、"破狱"[pʰo²¹yi²¹³]、"解灯绕棺"[kai⁵³təŋ³³ʒau²¹kuã³⁵]、"施食赏孤魂"[ʃ³⁵ʃ³¹ʃaŋ⁵³ku³⁵xuən³¹]、"传戒"[tʃʰuã³¹kai²¹³] 等诸多程序。道场班子会将这些程序书写在"道场榜文"[tau²¹³tʃʰaŋ³¹paŋ⁵³uən³¹] 上，张挂在现场。

堂祭 [tʰaŋ³¹tʃi²¹³]

逝者的女婿、侄女婿、孙女婿、外甥以及徒弟等男性亲友祭祀吊唁逝者的活动。可单独一户祭祀，也可几户合祭。此外，除了逝者家所请的"道公"，每批上祭者还要另请几位道公进行"绕棺"[ʒau²¹kuã³⁵] 等仪式。祭品与逝者儿子辈所备的"家祭"[tʃia³⁵tʃi²¹³]逝者家人进行的祭祀祭品基本一致。旧时参加"堂祭"需自带祭品，上祭的人少则一两批，多则十来批。为防止祭品太多无法处理，也为了避免浪费，现在都直接沿用"家祭"所用的祭品，本应自带的祭品折合成现金记入"祭账簿"[tʃi²¹tʃaŋ²¹pu²¹³]记录参加祭祀所送礼金的簿子。

吃斋饭 [tʃʰi³¹tʃai³⁵fã²¹³]

斋戒。办丧事时，在"道场"（见图7-58）举行期间，逝者家属、"道公"以及帮忙料理丧事的亲友必须斋戒，所食不得沾任何荤腥。

辞灵 [tsʰɻ³¹lin³¹]

奠酒送别，对逝者最后的告别仪式。出殡之前，逝者亲友按亲疏关系，由近至远逐一到逝者灵位前奠一杯酒，向逝者告别。

7-62 ◆同乐

开斋 [kʰai³⁵tʃai³⁵]

结束斋戒，开始食用荤菜。办丧事时，"道场"（见图 7-58）主要程序完成后，"道公"要举行开斋仪式，至此众人方可食用荤菜。

重棺 [tʃʰoŋ³¹kuã³⁵]

用于代替正棺而临时埋葬的纸棺。图 7-64 板凳下的红色纸棺即为"重棺"。"高山汉"习俗，出殡要选择吉日，但有时临近的一段时间都没有合适的日子，法师就会做一个纸棺，用来代替真正的棺木。因为另做，所以叫"重棺"。

7-64 ◆同乐

7-66◆同乐

出殡 [tʂʰu³¹pin³⁵]

把棺材抬往墓地安葬。出殡前，逝者儿子率逝者子辈朝棺材跪下，以示送别。出殡队伍出发后，"乾隆花伞"（见图 7-53）在最前边引路，随后是负责抛洒"旺山钱"[uaŋ²¹ʃã³⁵tʂʰiɛ³¹]（见图 7-69）的人员，接着是手举"引魂幡"的长子或长孙，继而是"哭丧棒"，然后是晚辈亲属，棺木及其他出殡人员居后。出殡过程中，逝者儿子头戴草帽，手端逝者灵牌，引领逝者晚辈每行一段路程，就在出殡队伍前跪拜迎接，直至墓地。"高山汉"墓地多在石山上，常需多人帮助抬棺。

7-67◆同乐

中国语言文化典藏

引魂幡 [in⁵³xuən³¹fã³⁵]

　　"道公"使用的写有亡人信息的垂直悬挂的小旗子，据说丧葬时可以用来招引魂灵。一般用白纸制成，分为三幅。"引魂幡"用一根竹竿撑起，放在棺材旁边，一直到出殡。出殡时，一般由长孙或长子举起走在抛洒"旺山钱"的人员后面。

哭丧棒 [kʰu³¹saŋ³⁵paŋ²¹³]

　　缠有白纸条的竹棍，也叫"杵死棍"[tʃʰu⁵³sʅ⁵³kuən²¹³]。逝者的直系亲属、女婿等每人手持一根，在"引魂幡"后、出殡队伍前端跪拜接引时用。

7-69◆同乐

旺山钱 [uaŋ²¹ʃã³⁵tʃʰiɛ̃³¹]

纸钱，也叫"引路钱"[in⁵³lu²¹³tʃʰiɛ̃³¹]。出殡时，在"乾隆花伞"（见图 7-53）队伍后，安排几个人负责抛洒"旺山钱"并点放鞭炮。据说"旺山钱"可作为标记，以便亡魂能找到回家的路。

寄葬 [tʃi²¹tsaŋ²¹³]

暂时埋葬。"高山汉"自古实行土葬，但必须结合逝者所葬位置、死亡年份及生辰八字等，经风水师推算出适合的时辰才能正式下葬。而有时临近的时间没有合适的日子，因此有的棺木不能及时下葬，只能通过埋葬"重棺"来代替：出殡时，正棺先行，一青年男子捧"重棺"跟随；出门时有人滚动一扇石磨跟随"重棺"，出门五六丈后丢弃石磨；出殡队伍到达墓地后，在主坟边上挖坑，埋入"重棺"；把正棺摆放在主坟的位置上，用防雨的东西盖好，再把各种彩幡插在墓地附近，即完成。等到吉日，再举行"下祀"[ʃia²¹sɿ²¹³]仪式，将正棺正式下葬。

7-70◆同乐

坟 [fən³¹]

葬好的坟墓。"高山汉"埋葬逝者，均挖坑放入棺材，在其上用石块垒墙，填入泥土垒成坟包。下葬时并不安放墓碑，而是另择吉日竖起墓碑，称为"立碑"[li³¹pəi³⁵]。

老屋基 [lau⁵³u³¹tʃi³³]

对去世长辈墓地的婉称。这块地是在父母年岁渐高时，儿子提前请风水先生寻找的适合作为墓地的风水宝地，以便父母逝世后安葬。为"老屋基"修好地基以备用的做法称为"打老屋基"[ta⁵³lau⁵³u³¹tʃi³³]，高山汉认为这是孝敬父母的一种方式。不过，有时"老屋基"也可指曾经有人居住，后来人员搬离的房屋的地基。

乐业

柒·婚育丧葬

过去,孩子们最盼望的就是过年。旧时过年,能有很多美食,能穿新衣服、领压岁钱、放鞭炮、打陀螺,还能看到喜庆的街景。春节后,最盼望的是过"七月半"[tʃʰi³¹ye³¹pã²¹³]中元节,家里会做很多好吃的,热闹好几天。此外,元宵、清明、端午也是孩子们喜爱的节日(不过"高山汉"并不过中秋节)。

腊肉、鸡、"三角豆腐"是节日必备的食品。另外,每个节日还有各自专属的特色食品:春节有"米花"(见图8-6)、粽子、"麻蛋果"(见图8-8)、"灌粑"[kuã²¹pa³⁵](见图8-27);元宵节有"粑汤"[pa³⁵tʰaŋ⁵⁵];清明节有"花糯饭"[xua³⁵lo²¹fã²¹³](见图8-37)、"清明粑"[tʃʰin³⁵min³¹pa³³](见图8-38);端午节有"角角粑"[ko³¹ko³¹pa³⁵](见图8-43)、"药鸡蛋"[io³¹tʃi³⁵tã²¹³](见图8-42);"七月半"有"搭粮粑"[ta³¹liaŋ³¹pa³⁵](见图8-45)。

"高山汉"时时怀念先祖,每个节日都必进行祭祀和祈祷。旧时,大年三十除了在家里祭拜,还要带上煮熟的猪头、猪肉、猪杂和鸡到坟(见图7-71)上祭拜。元宵节,要吃"了尾年饭"[liau⁵³uəi⁵³n̥iẽ³¹fã²¹³](见图8-30),晚上在家里各处点上灯或蜡烛。清明节,家家户户都要为坟墓清理杂草、"挂青"[kua²¹tʃʰin³⁵](见图8-34)、祭拜。端午节,要"挂菖蓬草"[kua²¹tʃʰaŋ³⁵pʰoŋ³¹tsʰau⁵³](见图8-39),还要"拜青苗土地"[pai²¹tʃʰin³⁵miau³¹tʰu⁵³ti²¹³]。"七月半"在"高山汉"眼里是祖先过年的日子:农历七月初一,他们把祖先的灵魂迎到家中;七月十五,又把祖先的灵魂送出门;期间,日日焚香祭拜;农历七月十二,还要做一桌和大年三十一样丰盛的饭菜,祭奠祖先,晚餐之后要把大量的"火纸"(见图6-66)烧化送给祖先。

过节是"高山汉"凝聚亲情的重要方式。如过年时,晚辈向长辈拜年;人们呼朋唤友,会聚一堂,在饮酒茹荤、推杯换盏中增进情感。而清明节,多是同族相约一起去上坟。亲情就在这样的集体活动中得到增强。

8-1◆长朝

对联 [tuəi²¹³liɛ̃³¹]

　　春联。一般大年三十就要贴好。贴春联叫"□对联"[n̩ia³⁵tuəi²¹³liɛ̃³¹]。旧时的春联一般是买好红纸后请村里有文化的人书写，现在大多在集市商店里购买。"高山汉"的春联贴得比较密集，房屋外墙每扇门、每根柱子都要贴上，"堂屋"（见图1-10）里的柱子、"香火"（见图6-73）及通往各个房间的门也要贴上。这样，整个房屋就呈现出一片火红景象，洋溢着浓浓的喜庆气氛。此外，婚礼期间贴的婚联也叫"对联"。

8-3◆长朝

门神 [mən³¹ʃən³¹]

　　司门守卫之神，是春节贴在门上的神像。据说"门神"贴在门上，可以驱邪避鬼、卫家宅、保平安、助功利、降吉祥。"门神"多为隋唐名将秦琼与尉迟恭的形象。

枕头粑 [tʃən⁵³tʰəu³¹pa³⁵]

　　粽子，因形似枕头，故名。粽子的原料是糯米、香料、盐、肥肉、绿豆、糯米秆。糯米秆烧成灰后，用细筛筛出细末，拌入糯米，把糯米染黑，用这种工艺可以制成黑米粽。由于体形较大，煮"枕头粑"要用大锅。根据"枕头粑"大小，煮的时间有长有短，少则七八个小时，多则十来个小时，不然无法熟透。煮好的"枕头粑"在常温下可保存十天左右，是过年常见的食品及走亲访友常用的礼品。

8-4◆同乐

六畜对联 [lu³¹ʃiəu³¹tuəi²¹³liɛ̃³¹]

　　春节时贴在猪圈、牛圈门上的语句，也叫"圈上对联" [tʃyɛ̃²¹ʃaŋ²¹tuəi²¹³liɛ̃³¹]。并非真正的对联，仅为单联，红底，一般上书"六畜兴旺"。旧时多为手写，现多购买成品。

8-2◆长朝

8-9 ◆逻沙

团年饭 [tʰuã³¹ȵiẽ³¹fã²¹³]

　　除夕夜的正餐。"高山汉"认为，这一天晚饭吃得早、祭祖快，来年农活才顺利，所以也叫"抢年饭" [tsʰiaŋ⁵³ȵiẽ³¹fã²¹³]。各家各户正午 12 点就开始准备晚餐，很多人家下午 3 点就开始放鞭炮祭祖，然后开始吃"团年饭"。

麻蛋果 [ma³¹tã²¹³ko⁵³]

　　一种以糯米为原料制成的油炸食品，也叫"麻蛋" [ma³¹tã²¹³]。用水浸泡糯米使其发胀，捞起滤干，舂成糯米面儿，加入适量的糖，加水和匀，切成颗粒，油炸（也可把火灰放入锅中，将其放在灰中炒至膨胀），再用糖浆、芝麻抖匀即成。因其为蛋形，表面粘有芝麻，故名。

8-8 ◆同乐

米花 [mi⁵³xua³³]

　　带有甜味的球形糯米制食品，也叫"米花糖" [mi⁵³xua³⁵tʰaŋ³¹]。可直接食用，也可用开水泡着吃；特殊的工艺使"米花"不会因泡过水而融化。常温下可保存三个月左右。

8-6 ◆同乐

8-7 ◆同乐

8-5 ◆长朝

米子 [mi⁵³tsʅ⁵³]

制作"米花"（见图 8-6）的原料。"高山汉"喜欢在春节期间食用"米花"，其原料"米子"的制作步骤如下：用水浸泡糯米使其发胀，把其中一小部分染成红色；拌入适量茶油，以使其出锅时不黏结；蒸熟，倒出晾至半干，用碓舂软（现在多用机器压制）即可。一般舂过后的"米子"呈扁状。部分染成红色的"米子"，掺杂在白色的"米子"里，可增添喜庆气氛。

炒米子 [tʃʰau⁵³mi⁵³tsʅ⁵³]

制作"米花"（见图 8-6）的程序之一。制作"米花"有如下程序："炒米子"，在油锅里用"炒米花扫扫"（见图 2-21）把"米子"（见图 8-7）炒至完全炸开；"筛米子"[ʃai³⁵mi⁵³tsʅ⁵³]，把碎的、炸不开的"米子"和粉末筛掉；"□糖"[pʰã⁵³tʰaŋ³¹]，把麦芽糖和红糖按一定比例加水，煮成糖浆，倒入筛好的"米子"中拌匀；"□米花"[ʒua³¹mi⁵³xua³³]，把拌了糖浆的"米子"捏成团，在筛子中摇成球形。

接春 [tʃɛ³¹tʃʰuən³⁵]

迎接新春的仪式。正月初一凌晨，要燃放烟花爆竹，以迎接新春的到来。旧时各家"接春"有早有迟，认为哪家"接春"接得早，当年做什么事都顺利，现在都统一在零时进行。燃放烟花爆竹现已不提倡。

8-10 ◆同乐

发压岁钱 [fa³¹ia³¹suəi²¹³tʂʰiɛ̃³¹]

　　春节习俗。本家长辈一般在正月初一早晨给儿孙压岁钱和红鸡蛋，以表新年祝福。正月期间，大人遇到亲戚朋友的小孩儿也会给压岁钱。旧时压岁钱可以不用红纸包装，现在一般都用小红包来装。

8-12 ◆同乐

出行 [tʂʰu³¹ʃin³¹]

　　春节串门或出门祭拜的活动方式。正月初一，如果正好遇到黄历上注明适合"出行"的日期，人们就会离开家选择吉利方向到亲朋家串门。如非吉日则不能到别人家串门，否则据说会导致当年出行不顺利；但可到庙里去祭拜。

8-14 ◆同乐

中国语言文化典藏

过早 [ko²¹³tsau⁵³]

正月第一餐饭。"高山汉"风俗,初一不动刀、不吹火,认为如果吹火,当年就会遭遇大风,房屋会被损坏,收成受到影响。所以正月初一的早餐不吃热食,只吃汤圆及"米花"(见图 8-6),寓意圆圆满满。

鸡蛋笼 [tʃi³⁵tã²¹³loŋ³¹]

用彩线编成的小网袋,用于装红鸡蛋。孩子们将长辈给的红鸡蛋装入"鸡蛋笼",挂在胸前。旧时这种习俗很常见,随着物质逐渐丰富,现在"鸡蛋笼"已不多见。

要财 [iau²¹³tsʰai³¹]

正月初一上山打柴。"高山汉"认为，正月初一柴打得越多，当年财运就越旺。"柴"与"财"谐音，故称为"要财"，以此祈求好兆头。当今木柴已很少使用，而且春节期间一般都着盛装，打柴多有不便，人们一般仅象征性地折几根树枝回家，就算"要财"了。

拜年 [pai²¹³n̠iɛ̃³¹]

每年必行的礼节。春节期间，女儿女婿要选好吉日，带礼品到娘家拜见老人。旧时所带礼品一般有鸡、腊肉、糍粑、糖，现在多为水果和高档酒。

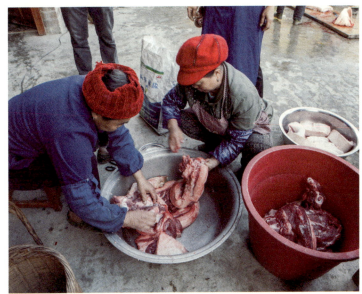

揽﹦肉 [lã⁵³ʒu³¹]

制作腊肉的第一道工序，往已经切成块的猪肉上大量抹盐，也叫"揽﹦嘎﹦" [lã⁵³ka⁵³]。腊肉长期不腐坏的主要原因是用盐腌制后熏干。抹完盐的猪肉还要放到缸里腌三天，这道工序叫"眨﹦肉" [tʃa⁵³ʒu³¹]眨﹦：腌制，也叫"眨﹦嘎﹦" [tʃa⁵³ka⁵³]。

杀年猪 [ʃa³¹ȵiɛ̃³¹tʃu³⁵]

为过年杀猪。"高山汉"一般在春节前宰杀一头自家养的猪，猪肉除了供过年之用，还可以制成腊肉、风肠供一年食用。杀年猪有以下步骤："烧圈门菩萨" [ʃau³⁵tʃyɛ̃²¹³mən³¹pʰu³¹sa³⁵]（见图 8-17），在猪圈门前点香烧纸，祭"圈门菩萨"，再进入猪圈抓猪；杀猪时，用装有适量盐水的盆接猪血；"打血纸" [ta⁵³ʃyɛ³¹tʃ̩⁵³]，放血时用一沓纸钱沾一些喷出的血，以备除夕烧化祭祖。"修猪" [ʃiəu³⁵tʃ̩⁵⁵]（见图 8-18），刮猪毛；"理肠子" [li⁵³tʃʰaŋ³¹tsɿ⁵³]，清理猪下水。

灌风肠 [kuã²¹foŋ³⁵tʃʰaŋ³¹]

灌腊肠。制作"风肠"的工序有："□香料"[pʰã⁵³ʃiaŋ³⁵liau²¹³]，把肥瘦各半的猪肉切丁后，在其中加入香料、盐，搅拌均匀；"灌风肠"，把猪小肠清洗干净备好，把拌好料的肉丁灌入小肠，挤实，每四五十厘米作为一节用线扎好。因小肠较细，且肠壁容易粘连，原料不易灌入，所以常常用弯成弓形的竹篾撑开小肠的口，以方便原料灌入。

熬油 [ŋau³⁵iəu³¹]

把猪板油熬成猪油。旧时贫困，为了保证一年四季有油吃，一般每家要养一两头猪。杀年猪时会把猪板油熬好，装入坛中，可存放一整年。

中国语言文化典藏

炕腊肉 [kʰaŋ²¹³la³¹ʒu³¹]

　　把腌好的腊肉挂在"炕"（见图2-33）的下方，用烟火烘烤，也叫"炕腊嘎="[kʰaŋ²¹³la³¹ka⁵³]。"高山汉"把用烟火烘烤称为"炕"，故名。腊肉腌好后，需用烟火熏烤一段时间才能成为成品。灌好的"风肠"（见图4-47）一般也要通过这个阶段，才能成为成品，称为"炕风肠"[kʰaŋ²¹foŋ³⁵tʃʰaŋ³¹]。

8-26 ◆逻沙

8-25 ◆逻沙

猪肝炒粉肠 [tʃu³⁵kã⁵⁵tʃʰau⁵³fən⁵³tʃʰaŋ³¹]

由刚杀好的年猪的肝和小肠混炒而成的菜肴。是杀年猪当天主家宴请亲朋好友必备的一道菜。

猪血菜 [tʃu³⁵ʃyɛ³¹tsʰai²¹³]

凝结成块的猪血和青菜一起煮成的汤。是杀年猪当天主家宴请亲朋好友必备的一道菜。

8-23 ◆逻沙

8-27 ◆同乐

苦胆酒 [kʰu⁵³tã⁵³tʃiəu⁵³]

用猪胆汁兑白酒制成的酒。年猪杀好后，把连接猪胆的部分猪肝连同猪胆一起切下，煮熟后，用火烤黄，将胆汁挤入白酒中拌匀，即成。此酒色泽微黄，据说有清热解毒的功效，颇受当地人喜爱。

灌粑 [kuã²¹pa³⁵]

过年必备的食品，常在杀年猪时制作。把糯米、新鲜猪血、适量香料和盐拌匀，灌入洗净的猪大肠内，蒸熟即可。冷天可放置二十来天不坏，需要的时候切一段，用蒸、烤、煎等方式加工，即可食用。

8-24 ◆逻沙

吃刨汤嘎 ⁼[tʃʰi³¹pʰau³¹tʰaŋ³⁵ka⁵³]

杀年猪当天请亲戚朋友到家吃饭，让亲戚朋友分享收获的喜悦的庆祝方式。当天的菜肴主要由刚宰杀的年猪制成，其中必须有"刨汤嘎⁼"[pʰau³¹tʰaŋ³⁵ka⁵³]白切猪肉、猪肝炒粉肠、猪血菜。"刨汤嘎⁼"的做法：把大块带皮、有肥有瘦的猪肉用清水煮熟，切片。因是白切，一般要蘸"蘸水"（见图 4-52）食用。旧时多切成手掌般大小、手指般厚薄，据说切得越大越厚，来年养的猪越肥。客人吃饭时，吃完一块猪肉，主人会立刻添上一块，绝不让客人的碗空着。

8-28 ◆同乐

十五点灯 [ʃʅ³¹u⁵³tiɛ̃⁵³tən³⁵]

旧时正月十五晚上，家中每个空间（包括阁楼）都要点上油灯或蜡烛，所以有"三十夜的火十五的灯"的说法。"十五点灯"原指元宵节闹花灯，现今闹花灯的习俗已消失，而演变为在家中点油灯或蜡烛。

268

吃粑汤 [tʃʰi³¹pa³⁵tʰaŋ⁵⁵]

吃汤圆。"高山汉"称汤圆为"粑汤"。元宵节的早餐，"高山汉"必须煮汤圆吃。

了尾年饭 [liau⁵³uəi⁵³n̠iɛ̃³¹fã²¹³]

元宵节的晚餐。因为吃完这餐饭，整个春节就结束了，所以称为"了尾年"[liau⁵³uəi⁵³n̠iɛ̃³¹]，也叫"了年"[liau⁵³n̠iɛ̃³¹]。吃"了尾年饭"时必须用年猪的尾巴祭祖，寓意过年过到尾了。

8-34 ◆花岩

挂青 [kua²¹tʃʰin³⁵]

把"青纸"挂到坟上的活动。"挂青"有以下步骤："撕青纸"[sŋ³⁵tʃʰin³⁵tʃ̩⁵³]，把制作好的"青纸"按凿出的痕迹撕开，使其显出"纸钱"的形状；"挂青"，把撕好的"青纸"的一端捆绑在竹竿或木棍一端，把竹竿或木棍插在坟上，"青纸"垂下展开，像成串的纸钱。坟中亡人在世的后辈每户挂一束"青纸"，女嗣要在"青纸"上套个红圈，男嗣不用。

8-31 ◆同乐

打青纸 [ta⁵³tʃʰin³⁵tʃ̩⁵³]

加工"青纸"[tʃʰin³⁵tʃ̩⁵³]的方式。"青纸"是当地用传统工艺制作的祭祀用的纸，类似宣纸，白色，韧且不易被水泡坏。据说，"青纸"为清明用的纸，人们误以为"清"是"青"，故名。加工"青纸"的工具是带弧形刀刃的凿形器具，用它在"青纸"上凿出牵连不断的缺口，使"青纸"像成串的纸钱。清明上坟祭祖时，当地人会把"青纸"悬挂在坟上。

铲草皮 [tʃʰuã⁵³tsʰau⁵³pʰi³¹]

清明上坟必做的除草工作。摆放祭品之前，要先把坟边、坟上的草除干净，表示为祖先打扫卫生。

上泥巴 [ʃaŋ²¹³n̪i³¹pa³⁵]

因雨水冲刷等原因，大部分坟上的土会有所流失。把坟上的草除净后，要给坟头堆放一些新土，以补充因雨水冲刷流失的部分泥土。

供祖坟 [tʃioŋ²¹³tsu⁵³fən³¹]

清明节祭祖仪式。在坟前摆放祭品，上香，焚烧纸钱，以此祭祀祖先。祭品一般包括一只鸡、一块腊肉（多用年猪肉制成）、少量猪下水（杀年猪时就炸干备用）、"花糯饭"（见图 8-37）、糍粑、白酒及水果。所有祖先的坟共用一份祭品：祭拜完这一位祖先后，收好祭品，拿到下一位祖先的坟头摆好祭拜。"高山汉"的坟一般比较分散，因此"供祖坟"往往要花上一整天时间。

8-38◆同乐

清明粑 [tʃʰin³⁵min³¹pa³³]

以糯米面儿为主料、鼠麴草为配料制成的清明食品。"高山汉"把鼠麴草称为"白头翁"[pɛ³¹tʰəu³¹oŋ³⁵]，所以也叫"白头翁粑粑"[pɛ³¹tʰəu³¹oŋ³⁵pa³⁵pa⁵⁵]。清明时节鼠麴草开花，采摘洗净后用碓舂成糊，和到糯米面儿里，加糖，再将和好的糯米面儿和鼠麴草糊放入碓中舂匀，取出蒸熟。"清明粑"有植物的芳香，据说有一定的保健作用。

8-37 ◆同乐

花糯饭 [xua³⁵lo²¹fã²¹³]

五色糯米饭，清明祭祖的主食。壮族有农历三月初三制作五色糯米饭祭祖及食用的风俗，"高山汉"长期与壮族杂处，也吸收了壮族这一风俗。"花糯饭"一般有红、紫、黄、黑、白五色。除白色外，其余四色均用植物染料浸泡染成，红色用苏木，紫色用紫草，黄色用黄花或黄姜，黑色用枫树叶。将这些植物染料加水煮出颜色后，将糯米放入其中（或将其倒入糯米中），浸泡一夜即可上色，然后蒸熟即可，称为"蒸花糯饭" [tʃən³⁵xua³⁵lo²¹fã²¹³]。

求保佑 [tʃʰiəu³¹pau⁵³iəu²¹³]

祈福。上坟时，"挂青"（见图 8-34）等各种仪式完成后，要向坟中先人祈求保佑，一般会说"某某祖上，今天我们给你'挂青'，求你保佑你的子孙后代平安、顺利"等。

8-35 ◆花岩

8-40◆同乐

拜青苗土地 [pai²¹tʃʰin³⁵miau³¹tʰu⁵³ti²¹³]

端午节必须进行的祭祀仪式，祭拜主管土地的神灵。分"拜田头青苗土地"[pai²¹tʰiɛ̃³¹tʰəu³¹tʃʰin³⁵miau³¹tʰu⁵³ti²¹³]（见图 8-40）和"拜土头青苗土地"[pai²¹tʰu⁵³tʰəu³¹tʃʰin³⁵miau³¹tʰu⁵³ti²¹³]（见图 8-41）。"拜田头青苗土地"在水稻田边举行，"拜土头青苗土地"在玉米地里举行。拜青苗土地的祭品包括一只鸡、几个粽子和酒。祭拜时要上香、烧纸，并做祷告，祈求土地神灵保佑庄稼获得好收成。

8-41◆同乐

8-42 ◆同乐

8-43 ◆同乐

药鸡蛋 [io³¹tʃi³⁵tã²¹³]

与"鸡蛋药"[tʃi³⁵tã²¹³io³¹] 山上的一种植物的根 一起煮熟的未剥壳的鸡蛋。当地人认为，端 午节把"药鸡蛋"和"鸡蛋药"的根一起食 用，能使身体健康，所以大人小孩都要吃。

角角粑 [ko³¹ko³¹pa³⁵]

端午节包的粽子，因成品有角，故 名。其顶端有三个角，所以也叫"三角 粑"[sã³⁵ko³¹pa³⁵]。先将糯米用水浸泡发胀后， 把用糯米秆烧成的黑灰筛除较粗颗粒及杂 质后拌入，使糯米呈黑灰色；再把带皮的半 肥瘦猪肉切成条状，用去皮并浸泡过的绿豆 泥包裹肉条，做成粽子的馅儿；接着把馅儿 放入糯米中，用粽叶包成需要的形状；最后 再用糯米秆捆扎即成。

挂菖蓬草 [kua²¹tʃʰaŋ³⁵pʰoŋ³¹tsʰau⁵³]

端午习俗，悬挂"菖蓬草"[tʃʰaŋ³⁵pʰoŋ³¹ tsʰau⁵³]。"菖蓬草"是"菖蒲"[tʃʰaŋ³⁵pʰu³¹] 和 "艾蓬"[ŋai²¹³pʰoŋ³¹] 的合称。传说在古代， 天上的神仙在端午节给百姓送来菖蒲和艾 蓬，人们把它们挂在正门，可避瘟神。

8-39 ◆甘田

8-45◆同乐

搭粮粑 [ta³¹liaŋ³¹pa³⁵]

　　"七月半"必做的小吃。材料有糯米、白糖、红糖、芝麻、冬瓜糖、芭蕉叶等。把糯米用水浸泡发胀后,用石磨磨成浆,滤干后加入白糖和匀成面团;把芝麻加上红糖制成馅儿;把芭蕉叶洗干净,内层涂上植物油;把面团捏成条状,包入芝麻馅儿,再用芭蕉叶包好,蒸熟即可。夏天常温可保存十来天。冷却后可蒸或煎后食用。"搭粮粑"呈条状,方便搭在一起,故名。

纸钱口袋 [tʂʅ⁵³tʂʰiɛ̃³¹kʰəu⁵³tai²¹³]

"七月半"装纸钱的袋子，模仿邮寄包裹制成。制作"纸钱口袋"称为"□纸钱口袋" [ȵia³⁵ tʂʅ⁵³tʂʰiɛ̃³¹kʰəu⁵³tai²¹³]。因制作时是把纸张裁剪后粘贴而成，故名。市场上有统一的未粘贴的"纸钱口袋"，买回来还需自己粘贴，再填信息；也有贴好的，买回填上相关信息即可。正面写上先人姓名、邮寄人辈分姓名、祭语及时间等内容。旧时烧化给先人的只有"火纸"（见图6-66），只需要一个小信封，不需要这样的包裹。但近年烧化给先人的物品中增加了各种各样的冥币，小信封盛装不下，只好做成包裹样式。

烧包封 [ʃau³⁵pau³⁵foŋ⁵⁵]

"七月半"祭祖的仪式，也叫"中元寄钱""上奉乙包"。过程如下："写包封" [ʃɛ⁵³pau³⁵foŋ⁵⁵]，把"火纸"（见图6-66）用纸包成"包封"（见图7-57），正面写上先人姓名、邮寄人辈分姓名、祭语及时间，背面"火纸"交接处写上"封号" [foŋ³⁵xau²¹³]，画圈，表示已打封条；"供包封" [tʃioŋ²¹pau³⁵foŋ⁵⁵]，把"包封"摆在神龛下的神桌上供奉二至三日；"烧包封"，晚餐结束后，把"包封"烧掉。焚烧过程中"包封"不能散乱，烧完的纸灰要在神龛下摆放三天，据说可以让祖先清点清楚。这三天里，每晚要在神龛下的神桌上摆一盏灯，据说可以让祖先看清楚。

玖·说唱表演

　　"高山汉"有丰富的口彩、禁忌、俗语、谚语。其口彩禁忌体现了浓郁的中华传统文化，比如，把媒人叫作"媒婆"或"媒脑壳"[mɛ³¹lau⁵³kʰo³¹]，也可以称为"香客大人""荷月大人""红叶大人""冰判大人"等。俗语谚语大致包括顺口溜、俗语、谚语、歇后语、谜语等。顺口溜往往充满童趣，如"排排坐，吃果果；果果香，买干姜"；俗语、谚语、歇后语，则通过生动、精练的语言反映深刻的生产和生活道理，如"离了青枫无好火，离了郎舅无好亲"；谜语则是通过比喻形象地描述事物，如"白天胀鼓鼓，夜晚空壳壳"讲的便是"鞋子"。

　　"高山汉"有丰富的歌谣文化，除了童谣，更多的是随时随地唱响的山歌。"高山汉"说"心想唱歌就唱歌"。心想阿妹，也用山歌作比"久不唱歌忘记歌啊，久不打鱼忘记那河，久不提笔忘记字啊，久不连妹脸皮那薄"；跟人做自我介绍，一开口就是歌"我家住在罗妹坡"；他们豪爽好客，有客前来，待客必有酒，有酒就有歌，"酒杯装酒白蒙蒙，双手递来酒一盅；你若得不吃这杯老酒哇，莫非你嫌酒味不浓"。

　　传统戏曲中，来自四川的"莲花落"[liɛ̃³¹xua³⁵lo³¹]在传统艺人的口里传唱不息。不

过最著名的还属逻沙"唱灯戏"[tʃʰaŋ²¹təŋ³⁵ʃi²¹³]。唱灯戏演的是一些人物情节较简单、场面较小的戏目。据传早期常常在晚上演出，需要点灯照明，故名。据说形成自清朝康熙、乾隆年间，至今已有 300 多年的历史。每到农闲时节、吉庆节日，伴随着喜庆的舞龙和锣鼓声，逻沙唱灯戏都会准时上演，让这些远离故土的儿女，应和着远在四川的故土的旋律。在多年的发展过程中，逻沙唱灯戏吸收了广西彩调戏、西南花灯戏、两湖花鼓戏的特点，形成了一些有别于四川唱灯戏的特色，如吸收了当地巫师的一些唱腔。1995 年，乐业唱灯戏被编入《中国戏曲志·广西卷》（中国 ISBN 中心，1995 年）；1997 年，被编入《中国戏曲音乐集成·广西卷》（中国 ISBN 中心，1997 年）；2010 年，被列入广西第三批非物质文化遗产保护名录；2012 年，获准申报国家级非物质文化遗产；2014—2015 年，逻沙乡仁龙村被评为"广西逻沙唱灯戏文化名村"。

"高山汉"的民间故事常常蕴含着浓厚的中华传统文化。例如《云盘山的故事》里有宋朝杨门女将西征来到乐业的情节，显然就是把传统的杨门女将故事的情节移植到当地的民间故事当中。

福到啦 [fu^{31}tau^{213}la^{55}]

倒贴"福"字,是中国传统年俗之一,寓意"福到啦"。"高山汉"也是如此。"高山汉"过年,除了门窗外,还常在三种地方倒贴"福"字:一是水缸,由于水缸里的水要从里边往外舀,为了不把家里的福气倒掉,便倒贴"福"字;二是柜子,柜子是用来存放物品的,倒贴福字,表示福气(财气)会留在家里、屋里和柜子里;三是牲口棚,在牲口棚的门上、墙上倒贴"福"字,寓意六畜兴旺。

这一吉祥口彩体现了人们对幸福生活的向往和追求。春节时,人们见到倒贴的"福"字,要说"福到啦",以求吉利。

要财 [iau^{213}ts^{h}ai^{31}]

正月初一上山打柴(见图 8-15)。因"柴"和"财"谐音,"要柴"即"要财",以此祈求好兆头。

进财 [tʃin^{213}ts^{h}ai^{31}]

在两种情况下使用:一是正月初一至初三,给孩子发压岁钱的时候;二是亲戚朋友给新房搭"财门布"(见图 1-30),赠送礼金的时候。发压岁钱或赠送礼金时会说:"给你进点财,给得少,但发得多。"以此祝福对方行好运、发大财。

年年有余 [ȵiɛ̃^{31}ȵiɛ̃^{31}iəu^{53}yi^{31}]

"年年有余"是中国传统吉祥祈福极具代表性的用语之一,"高山汉"也是如此。"高山汉"吃"团年饭"(见图 8-9)时要吃鱼,寓意年年有余;吃前,大家会说"年年有余"。旧时过年贴的年画也常有相关的内容:年画中有莲花或莲藕,还要有鱼,即"莲莲有鱼",与"年年有余"谐音。体现对福运、财运的向往和追求。

好事 [xau⁵³ʃ₁²¹³]

指各种需要庆祝并宴请宾客且收受礼物、礼金的事情。如相亲为"谈好事"[tʰa³¹xau⁵³ʃ₁²¹³]，结婚为"做好事"[tso²¹³xau⁵³ʃ₁²¹³]，进新房、孩子出生、给老人祝寿、孩子考取大学等均可称为"好事"。

龙虎壁 [loŋ³¹xu⁵³pi³¹]

"堂屋"（见图1-10）两侧的墙壁。此称体现了左有青龙扶持、右有白虎相助的美好愿望，实际上这两侧墙壁并无"龙""虎"。

读书的 [tu³¹ʃu³⁵ti³³]

一般指称家里的男孩，含有希望其通过读书出人头地的愿望。"某某的"格式是"高山汉"常用的对外人介绍自家孩子时的称呼，"的"前的词一般是这个孩子将来可能从事的职业或孩子达到人生目标的途径，也暗含对孩子性别的介绍。如，介绍男孩可称为"扛枪的"[kʰaŋ³¹tʃʰiaŋ³⁵ti³³]、"放牛的"[faŋ²¹³niəu³¹ti³³]；介绍女孩可称为"绣花的"[ʃiəu²¹³xua³⁵ti³³]、"打猪菜的"[ta⁵³tʃu³⁵tsʰai²¹ti³³]。"的"前的词，如果是理想的职业，则寄寓了父母对子女的期望；如果是不理想的职业，表现的则是父母对子女的失望或自谦。

寿枋 [ʃəu²¹faŋ³⁵]

对棺木的婉称，也叫"老木"[lau⁵³mu³¹]。体现了对长寿的向往与追求。

寿衣 [ʃəu²¹i³⁵]

对逝者入殓服的婉称，也叫"老衣"[lau⁵³i³³]。体现了对长寿的向往与追求。此外，逝者戴的帽子称为"寿帽"[ʃəu²¹mau²¹³]，穿的鞋称为"寿鞋"[ʃəu²¹³xai³¹]。

有喜啦 [iəu⁵³ʃi⁵³la⁵³]

妇女怀孕。"高山汉"一般不直接称其怀孕，而是多称为"有喜啦"，体现出对繁衍后代的祝福。

命好啦 [min²¹³xau⁵³la⁵³]

妇女怀孕。"命好啦"说明怀孕是命运的眷顾，也体现出对繁衍后代的祝福。

不该 [pu³¹kai³⁵]

用餐时晚辈先于长辈离席时对长辈说的客套话，表达自己提前离席的歉意，但比"对不起"[tuəi²¹³pu³¹tʃʰi⁵³] 程度要轻。

满福 [mã⁵³fu³¹]

对已有孙辈的老人去世的婉称，寓意其福满才离开人世。

白喜 [pɛ³¹ʃi⁵³]

对丧事的婉称。前去悼念逝者、送葬均称为参加"白喜"。

走啦 [tsəu⁵³la⁵³]

对人死亡的婉称，也可说"去啦"[tʃʰyi²¹³la⁵³]。

痛 [tʰoŋ²¹³]

对生病的婉称。多在病人或病人家属对别人陈述生病情况时使用。如"我婆_{奶奶}这两天痛得很，估计要满福了"。

不乖 [pu³¹kuai³⁵]

对孩子生病的婉称。

有事情 [iəu⁵³ʃɻ²¹³tʃʰin³¹]

对红白喜事之类的比较重要的事情的婉称。

火废 [xo⁵³fəi²¹³]

对房屋正在遭受火灾的婉称。如房屋被烧尽则称为"火化"[xo⁵³xua²¹³]。

岁岁平安 [suəi²¹suəi²¹pʰin³¹ŋã³⁵]

陶、瓷、玻璃制品等易碎物品被打碎时说的吉祥话。这类易碎品被打碎，一是财产损失，二是"高山汉"认为不吉利。"岁"与"碎"谐音，道一声"岁岁平安"，可以获得心理上的安慰。

来月事 [lai³¹yɛ³¹ʃʅ²¹³]

妇女来月经的避讳说法，也叫"来红"[lai³¹xoŋ³¹]。

做小月 [tso²¹ʃiau⁵³yɛ³¹]

妇女流产的避讳说法。

红叶大人 [xoŋ³¹iɛ³¹ta²¹³ʒən³¹]

媒人，一般称"媒婆"或"媒脑壳"。也可用雅称，"红叶大人"便是指在秋季给人做媒的媒人。如是春季、夏季、冬季给人做媒的媒人，则分别称为"香客大人"[ʃiaŋ³⁵kʰɛ³¹ta²¹³ʒən³¹]、"荷月大人"[xo³¹yɛ³¹ta²¹³ʒən³¹]、"冰判大人"[pin³⁵pʰã²¹ta²¹³ʒən³¹]。

出外前 [tʃʰu³¹uai²¹³tʃʰiɛ̃³¹]

对出门大小便的婉称。旧时屋内一般没有厕所，"高山汉"如要大小便，都会出屋，去"外前"[uai²¹³tʃʰiɛ̃³¹]住处四周四五十米范围内的空间解决，故称。

雪盖霜，谷满仓；[ʃyɛ³¹kai²¹ʃuaŋ³⁵, ku³¹mã⁵³tsʰaŋ³³]

霜盖雪，阳春差。[ʃuaŋ³⁵kai²¹³ʃyɛ³¹, iaŋ³¹tʃʰuən³⁵tʃa³³] _{阳春：收成}

　　冬天，如果霜后有雪，对庄稼生长会有几个好处：一是使土壤得到保暖，积水利田；二是可为土壤增添肥料；三是冻死害虫，避免虫害。所以，"雪盖霜"预示着来年将会有一个好收成。如果雪在霜前，来年收成会受影响。

太阳反照，热得鬼叫。[tʰai²¹³iaŋ³¹fã⁵³tʃau²¹³, ʒɛ³¹tɛ³¹kuəi⁵³tʃiau²¹³]

　　太阳落山时阳光普照，第二天会是大晴天。

先打雷，后下雨，[ʃiɛ³⁵ta⁵³luəi³¹, xəu²¹ʃia²¹³yi⁵³]

比不得早上大露水。[pi⁵³pu³¹tɛ³¹tsau⁵³ʃaŋ²¹³ta²¹lu²¹³ʃuəi⁵³]

　　先打雷后下雨，雨量还不如早晨的露水。形容先雷后雨，雨量很小。

有雨山戴帽，无雨绷河罩。[iəu⁵³yi⁵³ʃã³⁵tai²¹mau²¹³, u³¹yi⁵³poŋ³⁵xo³¹tʃau²¹³] _{河罩：雾}

　　云层较低，压住山头，是阴雨到来的前兆；如果河上起雾，则不会有雨。

扯霍闪，[tʃʰɛ⁵³xo³¹ʃã⁵³] _{霍闪：闪电}

东扯日头西扯雨，[toŋ³⁵tʃʰɛ⁵³ʒ̩³¹tʰəu³¹ʃi³⁵tʃʰɛ⁵³yi⁵³] _{日头：太阳}

南闪北闪涨大水。[lã³¹ʃã⁵³pɛ³¹ʃã⁵³tʃaŋ²¹ta²¹³ʃuəi⁵³]

　　东边闪电是出太阳的前兆，西边闪电是阴雨天的前兆，南边北边闪电则会下大暴雨。

黄狗吃屎，黑狗遭殃。[xuaŋ³¹kəu⁵³tʃʰi³¹ʃ₁⁵³，xe³¹kəu⁵³tsau³⁵iaŋ⁵⁵]

比喻一个人干了坏事，却让另一个人替他顶罪。

雷在边打，雨在边落。[luəi³¹tsai²¹piɛ̃³⁵ta⁵³，y⁵³tsai²¹piɛ̃³⁵lo³¹]

雷在一头打，雨却在另一头下。

杀鸡给鹅看。[ʃa³¹tʃi³⁵kəi⁵³ŋo³¹kʰã²¹³]

杀掉鸡来吓唬鹅。比喻用惩罚一个人的办法来警告其他人，寓意与成语"杀鸡儆猴"相似。

猴子得片姜，[xəu³¹tsๅ⁵³tɛ³¹pʰiɛ̃²¹tʃiaŋ³⁵]

吃啦又怕辣，[tʃʰi³¹la⁵³iəu²¹pʰa²¹³la³¹]

甩啦又可惜。[ʃuai⁵³la⁵³iəu²¹³kʰo⁵³ʃi³¹]

这个谚语包含两层意思：一是遇到进退两难之事时，不知如何进行选择；二是"鸡肋"的意思，比喻做的事情没有多大意义却又不舍得放弃。

屋檐水滴现窝窝。[u³¹iɛ̃³¹ʃuəi⁵³ti³¹ʃiɛ̃²¹uo³⁵uo⁵⁵] 窝窝：物体表面凹陷的部分

屋檐滴水滴在原来的洞里。这是"高山汉"教育人以身作则、孝敬长辈的谚语：父母是子女的榜样，你今天对待父母的态度和方式，就是你子女日后对待你的模板。

看起猫猫整死狗。[kʰã²¹³tʃʰi⁵³mau³⁵mau⁵⁵tʃən⁵³sๅ⁵³kəu⁵³]

看到猫做错了事，却让狗承担责任。比喻庇护本该承担责任的人，却让与此无关的人承担过错。

扯屋上草，看屋下人。[tʃʰɛ⁵³u³¹ʃaŋ²¹³tsʰau⁵³，kã²¹u³¹ʃia²¹³ʒən³¹]

拔房上的草，要看看房子的主人是谁。比喻做事涉及人时要顾及对方的背景，寓意与"打狗还看主人面"相似。

芭蕉秆烧水。[pa³⁵tʃiau⁵⁵kã⁵³ʃau³⁵ʃuəi⁵³]

芭蕉秆含水分多，不易晒干；即使干了，用来烧火，火也不热，不适合做燃料，所以不能用来烧水。该谚语比喻做事方法不对，就无法成功。

筛子□水。[ʃai³⁵tsʅ⁵³tiaŋ³⁵ʃuəi⁵³] □: 提

用筛子装水。比喻方法不当，徒劳无功。寓意与"竹篮打水一场空"相似。

有话当面讲，有肉当面扯。[iəu⁵³xua²¹taŋ³⁵miɛ̃²¹tʃiaŋ⁵³，iəu⁵³ʒu³¹taŋ³⁵miɛ̃²¹tʃʰɛ⁵³]

比喻有话要当面说，不要背后议论。

锅里的鸭子。[ko³⁵li⁵³ti⁵⁵ia³¹tsʅ⁵³]

比喻有把握到手的东西意外失去了，也指没有把握好机会。寓意和惯用语"煮熟的鸭子飞了"一致。

三头两不管。[sã³⁵tʰəu³¹liaŋ⁵³pu³¹kuã⁵³]

比喻一件事情涉及多方，但谁都不管。

离了青枫无好火，[li³¹liau⁵³tʃʰin³⁵kaŋ⁵⁵u³¹xau⁵³xo⁵³] 青枫：一种质地很硬的木材，耐烧，用青枫木烧制的木炭质量很好
离了郎舅无好亲。[li³¹liau⁵³laŋ³¹tʃiəu²¹³u³¹xau⁵³tʃʰin³⁵] 郎舅：姊妹的丈夫为郎，妻子的兄弟为舅，合称郎舅

这个谚语比喻彼此关系密切，谁也离不开谁。

豆腐莫嫌老，大话莫讲早。[təu²¹³fu⁵³mo³¹ʃiɛ̃³¹lau⁵³，ta²¹xua²¹³mo³¹tʃiaŋ⁵³tsau⁵³]

煮豆腐不要担心煮老而提前出锅，比喻不要把大话说得太早。

一颗螺蛳煮十二碗汤。[i³¹kʰo³⁵lo³¹sʅ³⁵tʃu⁵³ʃʅ³¹o²¹³uã⁵³tʰaŋ³³] 螺蛳：田螺

"螺蛳"比喻材料，"汤"比喻要做的事。用一颗田螺煮成十二碗汤。常用来比喻不求质量，

只图数量；材料不足却要做很大的事。

墙上一蔸草，风吹两边倒。[tʃʰiaŋ³¹ʃaŋ²¹³i³¹təu³⁵tsʰau⁵³, foŋ³⁵tʃʰuəi⁵⁵liaŋ⁵³piɛ̃³³tau⁵³]

　　墙头草，两边倒。常用来比喻无主见、顺风倒的人。也说"墙上一棵草，风吹两边倒"[tʃʰiaŋ³¹ʃaŋ²¹³i³¹kʰo³⁵tsʰau⁵³, foŋ³⁵tʃʰuəi³⁵liaŋ⁵³piɛ̃³⁵tau⁵³]、"墙上一蔸菜，风吹两边拜"[tʃʰiaŋ³¹ʃaŋ²¹³i³¹təu³⁵tsʰai²¹³, foŋ³⁵tʃʰuəi³⁵liaŋ⁵³piɛ̃³⁵pai²¹³]。

公婆爱头孙，[koŋ³⁵pʰo³¹ŋai²¹³tʰəu³¹sən³⁵] 公：祖父；婆：祖母
爹娘爱晚崽。[tɛ³⁵ȵiaŋ³¹ŋai²¹³mã⁵³tsai⁵³] 晚崽：最小的儿子

　　祖父祖母喜欢第一个孙子，父亲母亲喜欢最小的儿子。比喻各有所爱。也说"公婆爱头孙，爹娘疼晚崽"[koŋ³⁵pʰo³¹ŋai²¹³tʰəu³¹sən³⁵, tɛ³⁵ȵiaŋ³¹tʰən³¹mã⁵³tsai⁵³]。

车到山前必有路，[tʃʰɛ³⁵tau²¹sã³⁵tʃʰiɛ̃³¹pi³¹iəu⁵³lu²¹³]
水到堰前漫开沟。[ʃuəi⁵³tau²¹iɛ̃³¹tʃʰiɛ̃³¹mã²¹kʰai³⁵kəu³⁵]

　　比喻事到临头，总会有解决的办法。既表达了处于困境时的宽慰，也表现了坦然面对未知事物的心境。与谚语"车到山前必有路，船到桥头自然直"寓意相似。

人在世上练，刀在石上磨。[ʒən³¹tsai²¹ʂʅ²¹ʃaŋ²¹liɛ̃²¹³, tau³⁵tsai²¹ʃʅ³¹ʃaŋ²¹mo³¹]

　　比喻人的能力是经过历练形成的。

懒牛懒马屎尿多。[lã⁵³ȵiəu³¹lã⁵³ma⁵³ʂʅ⁵³ȵiau²¹to³⁵]

　　比喻懒惰的人总是寻找借口偷懒，体现了人们对懒惰的鄙夷。这个谚语也可以说成歇后语"懒牛懒马干活——屎尿多"[lã⁵³ȵiəu³¹lã⁵³ma⁵³kã²¹³xo³¹—ʂʅ⁵³ȵiau²¹to³⁵]。

颠三倒四 [tiɛ̃³⁵sã⁵⁵tau⁵³sʅ²¹³]

　　形容说话办事没有次序，没有条理。

前三后四 [tʃʰiɛ̃³¹sã³⁵xəu²¹sʅ²¹³]

　　往前走三步，又倒退四步。形容爱说大话，又言而无信。

团临四近 [tʰuã³¹lin³¹sʅ²¹tʃin²¹³]

　　街坊邻居。暗喻街坊邻居应团结合作、互相帮助。

七脚八手 [tʃʰi³¹tʃio³¹pa³¹ʃəu⁵³]

　　形容许多人一起动手，但动作忙乱。

指鸡骂狗 [tʃʅ⁵³tʃi³³ma²¹³kəu⁵³]

　　比喻表面上骂这个人，实际上是骂另一个人。与成语"指桑骂槐"寓意一致。

胡枝八丫 [fu³¹tʃʅ³⁵pa³¹ia³⁵]

　　杂乱的枝丫。形容头绪多而乱。

告花子借米——有借无还 [kau²¹xua³⁵tsʅ⁵³tsɛ²¹mi⁵³— iəu⁵³tsɛ²¹³u³¹xuã³¹] 告花子：乞丐

　　比喻只有投入，没有回报，金钱、物品有去无回。

戏耍三道无人看——啰唆使人厌 [ʃi²¹ʃua⁵³sã³⁵tau²¹³u³¹ʒən³¹kʰã²¹³— lo⁵³so⁵³ʃʅ⁵³ʒən³¹iɛ̃²¹³]

　　比喻反复啰唆的言语表达使人产生厌烦情绪。

青蛙小，声音大——吹牛 [tʃʰin³⁵ua⁵⁵ʃiau⁵³，ʃən³⁵in⁵⁵ta²¹³— tʃʰuəi³⁵n̠iəu³¹]

　　比喻腹中无货却大吹大擂的人。

狗与马赛跑——自不量力 [kəu⁵³y⁵³ma⁵³sai²¹³pʰau⁵³— tsʅ²¹pu³¹liaŋ²¹³li³¹]

　　比喻不自量力。

牛圈关虼蚤——气都出不得 [ɲiəu³¹tʃyɛ̃²¹³kuã³⁵kɛ³¹tsau⁵³— tʃʰi²¹təu³⁵tʃʰu³¹pu³¹tɛ³¹] 虼蚤：跳蚤

　　比喻事物虽微小却能产生巨大的震慑作用。

丝线套牯牛——牵都牵不得 [sɿ³⁵ʃiɛ̃²¹³tʰau²¹kuã³⁵ɲiəu³¹— tʃiaŋ²¹təu³⁵tʃiaŋ²¹pu³¹tɛ³¹] 丝线：此处指绣花用的丝线；

牯牛：公牛

　　比喻现实生活中不可能实现的事情。

线索套猫仔——笨走鸡半截 [ʃiɛ̃²¹³so³¹tʰau²¹mau³⁵tsai⁵³— pən²¹tsəu⁵³tʃi³⁵pã²¹tʃɛ³¹]

　　比喻约束力太小。

张飞骑白马——黑白分明 [tʃaŋ³⁵fəi⁵⁵tʃʰi³¹pɛ³¹ma⁵³— xɛ³¹pɛ³¹fən³⁵min³¹]

　　比喻是非界限很清楚。

张飞战关羽——不念旧情 [tʃaŋ³⁵fəi⁵⁵tʃã²¹kuã³⁵yi⁵³— pu³¹ɲiɛ̃²¹tʃiəu²¹³tʃʰin³¹]

　　比喻忘了旧日情义。

长五寸，[tʃʰaŋ³¹u⁵³tsʰən²¹³]

短五寸，[tuã⁵³u⁵³tsʰən²¹³]

站起巴胯胯，[tʃã²¹tʃʰi⁵³pa³⁵kua⁵³kua⁵³] 巴：粘

坐起杵板凳。[tso²¹tʃʰi⁵³tʃʰu⁵³pã⁵³tən²¹³] 杵：戳，顶

——手枪 [ʃəu⁵³tʃʰiaŋ³⁵]

　　谜底是"手枪"。因为人佩带手枪的时候，站着手枪会贴着胯部，坐着会顶着坐具。

大哥大肚皮，[ta²¹ko³⁵ta²¹tu²¹³pʰi³¹]

二哥两头齐，[ə²¹ko³⁵liaŋ⁵³tʰəu³¹tʃʰi³¹]

三哥戴铁帽，[sã³⁵ko⁵⁵tai²¹tʰɛ³¹mau²¹³]

四哥干硌烙。[sŋ²¹ko³⁵kã³⁵kɛ³¹lau²¹³]

——胡瓜、黄瓜、茄子、苦瓜 [fu³¹kua³⁵、xuaŋ³¹kua³⁵、tʃʰyɛ³¹tsŋ⁵³、kʰu⁵³kua³⁵] 胡瓜：南瓜

　　谜底是四种瓜。南瓜一般为纺锤形或鼓形，故为"大肚皮"；黄瓜两头大小基本一样，故为"两头齐"；茄子果实顶部有帽形物，褐色，故为"戴铁帽"；苦瓜表面有诸多突起，像很多表面有突起的物品那样会硌人，故为"干硌烙"。

白天胀鼓鼓，[pɛ³¹tʰiɛ̃³⁵tʃaŋ²¹³ku⁵³ku⁵³]

夜晚空壳壳。[iɛ²¹uã⁵³kʰoŋ³⁵kʰo³¹kʰo³¹]

——鞋子 [xai³¹tsŋ⁵³]

　　谜底是"鞋子"。白天，鞋子穿在脚上，所以"胀鼓鼓"；晚上鞋子被脱下，所以是"空壳壳"。

生也吃得，[ʃən³⁵iɛ⁵³tʃʰi³¹tɛ³¹]

熟也吃得，[ʃu³¹iɛ⁵³tʃʰi³¹tɛ³¹]

放在地下又走得。[faŋ²¹tsai²¹ti²¹ʃia²¹³iəu²¹³tsəu⁵³tɛ³¹]

——水 [ʃuəi⁵³]

　　谜底是"水"。只要卫生清洁，生水和开水都可以饮用；水在地上，会漫开，所以"放在地下又走得"。

三
歌
谣

一胴穷，[i³¹lo³¹tʃʰioŋ³¹]

二胴富，[ə²¹lo³¹fu²¹³]

三胴四胴穿破裤，[sã³⁵lo³¹sʅ²¹lo³¹tʃʰuã³⁵pʰo²¹kʰu²¹³]

五胴六胴打洋伞，[u⁵³lo³¹lu³¹lo³¹ta⁵³iaŋ³¹sã⁵³]

七胴八胴光杆杆，[tʃʰi³¹lo³¹pa³¹lo³¹kuaŋ³⁵kã⁵³kã⁵³]

九胴十胴考大学。[tʃiəu⁵³lo³¹ʃʅ³¹lo³¹kʰau⁵³ta²¹³ʃio³¹]

这是一首与指纹有关的歌谣。相指纹，从手指纹形推测心性运程，是"高山汉"的传统。指纹如水流中的漩涡形，或中间的纹成封口的环状，称为"胴" [lo³¹]，被视为有福、有财；指纹呈流线形脱开，不封口，称为"簸箕"，被视为无福、无财。相指纹时，男子一般相左手，女子一般相右手。据说一个人指纹中"胴"的数量及分布，和一个人的心性、命运有关。这首歌谣说的就是"胴"的数量与命运的关系。

点指点菠萝，阳雀唱海歌；[tiɛ̃⁵³tʃʅ⁵³tiɛ̃⁵³po³³lo³³，iaŋ³¹tʃʰio³¹tʃʰaŋ²¹³xai⁵³ko³³] 阳雀：鸟类，杜鹃

牛来吃草，马来过河；[ȵiəu³¹lai³¹tʃʰi³¹tsʰau⁵³，ma⁵³lai³¹ko²¹³xo³¹]

羊点羊点，棉花盖脸；[iaŋ³¹tiɛ̃⁵³iaŋ³¹tiɛ̃⁵³，miɛ̃³¹xua³⁵kai²¹³liɛ̃⁵³]

一颗米，春登底，不是他，就是你。[i³¹kʰo⁵³mi⁵³，tʃʰoŋ³⁵tən⁵³ti⁵³，pu³¹ʃʅ²¹tʰa³⁵，tʃiəu²¹ʃʅ²¹³ȵi⁵³]

这是一首游戏歌谣，为旧时儿童进行集体抓阄游戏时所念。几个孩子，人数不等，一齐伸出一根手指围成一圈。其中一个孩子一边念着童谣一边点其他孩子的手指，每个音节点一根手指，童谣结束时，点到谁的手指谁就算输。童谣中的每个句子没有具体含义，只是通过一定节律的组合，使童谣显得有趣。

鄙虼蚤，[pi²¹kɛ³¹tsau⁵³] 鄙：吝啬

打马草，[ta⁵³ma⁵³tsʰau⁵³]

打到河边挨马咬。[ta⁵³tau²¹xo³¹piɛ̃³⁵ŋai³¹ma⁵³ŋau⁵³]

这是一首讽刺吝啬人的童谣。大概意思是：你这人如此吝啬，就像个跳蚤，去给马割草，割到河边反而被马给咬了。

乐业　玖·说唱表演

我家住在罗妹坡来，[ŋo⁵³tʃia⁵³tʃu²¹tsai²¹³lo³¹məi²¹pʰo³⁵lai³¹] 罗妹坡：乐业地名

从小喜爱唱山歌来；[tsʰoŋ³¹ʃiau⁵³ʃi⁵³ŋai²¹tʃʰaŋ²¹sã³⁵ko⁵⁵lai³¹]

祖坟葬在风流地哎，风流地哎，[tsu⁵³fən³¹tsaŋ²¹tsai²¹foŋ³⁵liəu³¹ti²¹³əi³¹，foŋ³⁵liəu³¹ti²¹³əi³¹] 风流：此处指爱
唱情爱主题的山歌

人要风流莫来合；[ʒən³¹iau²¹foŋ³⁵liəu³¹mo³¹lai³¹xo³¹]

那个打田坝，田坝，田坝呢呀黄。[la²¹ko²¹³ta⁵³tʰiɛ̃³¹pa²¹³，tʰiɛ̃³¹pa²¹³，tʰiɛ̃³¹pa²¹³ɲi³³ia³¹xuaŋ³¹]

这是以民歌的形式进行的自我介绍。歌中所说的"风流"是指喜爱唱山歌，与通常所说的"风流"意思不同；而祖坟葬在"风流地"，说明自己爱唱山歌是与生俱来的。"田坝"（见图5-3）是有河水灌溉且平整相连的面积较大的水田，有较好的劳作条件。由于居住地的条件限制，旧时"高山汉"拥有的"田坝"不多。这首歌以"打田坝"为衬词，既体现了"高山汉"日常的劳作生活，也暗含他们对美好生活的向往。

心想唱歌就唱歌哎，[ʃin³⁵ʃiaŋ⁵³tʃʰaŋ²¹ko³⁵tʃiəu²¹tʃʰaŋ²¹ko³⁵əi³¹]

就唱歌来，[tʃiəu²¹tʃʰaŋ²¹ko³⁵lai³¹]

懂得几多唱几多；[toŋ⁵³tɛ³¹tʃi⁵³to³³tʃʰaŋ²¹³tʃi⁵³to³³]

那个打田坝啊，[la²¹ko²¹³ta⁵³tʰiɛ̃³¹pa²¹³a³¹]

田坝啊，[tʰiɛ̃³¹pa²¹³a³¹]

田坝呢呀黄；[tʰiɛ̃³¹pa²¹³ɲi³³ia³¹xuaŋ³¹]

懂得几首唱几首哎，[toŋ⁵³tɛ³¹tʃi⁵³ʃəu⁵³tʃʰaŋ²¹³tʃi⁵³ʃəu⁵³əi³¹]

唱几首来，[tʃʰaŋ²¹³tʃi⁵³ʃəu⁵³lai³¹]

大家唱歌搞一箩；[ta²¹tʃia³⁵tʃʰaŋ²¹ko³⁵kau⁵³i³¹lo³¹]

那个打田坝啊，田坝，田坝呢呀黄。[la²¹ko²¹³ta⁵³tʰiɛ̃³¹pa²¹³a³¹，tʰiɛ̃³¹pa²¹³，
　tʰiɛ̃³¹pa²¹³ɲi³³ia³¹xuaŋ³¹]

这首民歌体现了"高山汉"喜爱唱歌和乐观的天性。歌中多次出现衬词"打田坝"，既通过反复强化了歌词的音乐美，又反映了他们日常的劳作生活。

久不唱歌忘记歌啊，[tʃiəu⁵³pu³¹tʃʰaŋ²¹ko³⁵uaŋ²¹tʃi²¹ko³⁵a³¹]

久不打鱼忘记那河，[tʃiəu⁵³pu³¹ta⁵³y³¹uaŋ²¹tʃi²¹la²¹xo³¹]

久不提笔忘记字啊，[tʃiəu⁵³pu³¹tʰi³¹pi³¹uaŋ²¹tʃi²¹tsʅ²¹³a³¹]

久不连妹脸皮那薄。[tʃiəu⁵³pu³¹liɛ̃³¹məi²¹³liɛ̃⁵³pʰi³¹la²¹po³¹]

"高山汉"有以歌传情的习俗。这是一首男子唱给女子的情歌。歌词连用"久不唱歌忘记歌""久不打鱼忘记河""久不提笔忘记字"三个比喻，引出情歌的主题——与妹久不联系，羞于开口，以此示爱。

唱首山歌逗一逗来，逗一逗来；[tʃʰaŋ²¹³ʃəu⁵³ʃã³⁵ko⁵⁵təu²¹³i³¹təu²¹³lai³¹，təu²¹³i³¹təu²¹³lai³¹]

看妹回头不回头来，不回头；[kʰã²¹məi²¹³xuəi³¹tʰəu³¹pu³¹xuəi³¹tʰəu³¹lai³¹，pu³¹xuəi³¹tʰəu³¹]

妹若回头嘛我就唱来，我就唱来；[məi²¹³ʒo³¹xuəi³¹tʰəu³¹ma³¹ŋo⁵³tʃiəu²¹tʃʰaŋ²¹³lai³¹，ŋo⁵³tʃiəu²¹tʃʰaŋ²¹³lai³¹]

妹不回头我把歌收来，把歌收。[məi²¹³pu³¹xuəi³¹tʰəu³¹ŋo⁵³pa⁵³ko³⁵ʃəu³⁵lai³¹，pa⁵³ko³⁵ʃəu³⁵]

这是一首男子唱给女子的情歌。唱歌的时候，男子正跟随在女子身后，对着女子的背影，通过歌声表达爱慕。从歌词看，男子和女子还不熟悉，所以男子对女子是否回头并无把握。

心想呢唱歌就唱呢歌，[ʃin³⁵ʃiaŋ⁵³n̠i³³tʃʰaŋ²¹ko³⁵tʃiuəi²¹tʃʰaŋ²¹³n̠i³³ko³⁵]

心想打鱼啊就下咧河哎；[ʃin³⁵ʃiaŋ⁵³ta⁵³y³¹a³¹tʃiəu²¹ʃia²¹³lɛ³³xo³¹əi³¹]

打鱼的时想雨下得久，[ta⁵³y³¹ti³³ʃ̩³¹ʃiaŋ⁵³y⁵³ʃia²¹³tɛ³¹tʃiəu⁵³]

唱歌时想阿妹乱嚼来。[tʃʰaŋ²¹ko³⁵ʃ̩³¹ʃiaŋ⁵³a³⁵məi²¹³luã²¹³tʃio³¹lai³¹]

这是一首男子唱给女子的情歌。歌词中，男子对恋人的思念就像唱歌、打鱼一样，随时可能发生。

远看情妹白漂漂啦，[yɛ̃⁵³kʰã²¹tʃʰin³¹məi²¹³pɛ³¹pʰiau³⁵pʰiau³⁵la³¹]

当面捆个花啦围腰呃；[taŋ³⁵miɛ̃²¹³kʰuən⁵³ko²¹xua³⁵la³¹uəi³¹iau³⁵ə³¹]

好看不过围腰啦，[xau⁵³kʰã²¹³pu³¹ko²¹³uəi³¹iau³⁵la³¹]

匙扣哇好闩不过半啦中腰呃。[ʃ̩³¹kʰəu²¹³ua³¹xau⁵³ʃuã³⁵pu³¹ko²¹pã²¹³la³³tʃoŋ³⁵iau⁵⁵ə³¹] 匙扣：钥匙扣

这是一首男子唱给女子的情歌。以花围腰和匙扣做比，说明"情妹"的美丽和白净。而匙扣和门闩，本就是天生的一对，这首歌通过匙扣和门闩暗指自己和"情妹"应该成为人生的伴侣。

山歌好唱难起头啊，[sã³⁵ko⁵⁵xau⁵³tʃʰaŋ²¹³lã³¹tʃʰi⁵³tʰəu³¹a³¹]

木匠难起转角那楼，[mu³¹tʃiaŋ²¹³lã³¹tʃʰi⁵³tʃuã⁵³ko³¹la²¹³ləu³¹]

崖匠难打啊崖狮子啊，[ŋai³¹tʃiaŋ²¹³lã³¹ta⁵³a³¹ŋai³¹ʃ̩³⁵tsɿ⁵³a³¹] 崖匠：石匠；崖狮子：石狮子

铁匠难打铁绣那球。[tʰɛ³¹tʃiaŋ²¹³lã³¹ta⁵³tʰɛ³¹ʃiəu²¹la²¹³tʃʰiəu³¹]

　　这首山歌是对歌开始的引子。对于木匠、石匠和铁匠来说，制成"转角楼""崖狮子""铁绣球"的难度很大，需要高超的技艺。这首山歌分别以"木匠难起转角楼""崖匠难打崖狮子""铁匠难打铁绣球"比喻"山歌好唱难起头"，暗指自己水平有限，山歌唱得不好，在对歌开始时表示谦虚。

双手的捧啊酒递给老妹哟，[ʃuaŋ³⁵ʃəu⁵³ti⁵⁵pʰoŋ⁵³a³¹tʃiəu⁵³ti²¹³kəi⁵³lau⁵³məi²¹³io³¹]

酒到你面前是你莫那推；[tʃiəu⁵³tau²¹³n̠i⁵³miɛ̃²¹³tʃʰiɛ̃³¹ʃ̩²¹³n̠i⁵³mo³¹la²¹tʰuəi³⁵]

若哇你不啊接这杯老酒啊，[ʒo³¹ua³¹n̠i⁵³pu³¹a³¹tʃɛ³¹tʃɛ²¹pəi³⁵lau⁵³tʃiəu⁵³a³¹]

莫非你叫啊我拿转那回。[mo³¹fəi³⁵n̠i⁵³tʃiau²¹³a³¹ŋo⁵³la³¹tʃuã⁵³la²¹³xuəi³¹]

　　这是一首敬酒歌，常常在敬酒的时候唱。唱这首歌的敬酒者是一位男子，敬酒的对象是女子。为使女子对所敬的酒无法拒绝，男子对女子劝说：敬人的酒不能再转回，你无论如何都要接受。一般情况下，敬酒者以歌敬酒，被敬者是无法拒绝的。

酒杯的装啊酒白蒙那蒙呃，[tʃiəu⁵³pəi³⁵ti³³tʃuaŋ³⁵a³¹tʃuəi⁵³pɛ³¹moŋ³¹la²¹³moŋ³¹ə³¹]

双手啊递呀来是酒一喽盅；[ʃuaŋ³⁵ʃəu⁵³a³¹ti²¹³ia³³lai³¹ʃ̩²¹³tʃuəi⁵³i³¹ləu³³tʃoŋ³⁵]

你若得不啊吃这杯老酒哇，[n̠i⁵³ʒo³¹tɛ³¹pu³¹a³¹tʃʰi³¹tʃɛ²¹pəi³⁵lau⁵³tʃiəu⁵³ua³¹]

莫非你嫌啊酒是为不那浓？[mo³¹fəi³⁵n̠i⁵³ʃiɛ̃³¹a³¹tʃuəi⁵³ʃ̩²¹³uəi³¹pu³¹la²¹³loŋ³¹]

　　敬酒歌。敬酒者是一位男子，敬酒的对象是女子。为使女子对所敬的酒无法拒绝，男子故意询问：你如果不喝这杯酒，是不是嫌弃这杯酒酒味不够浓？

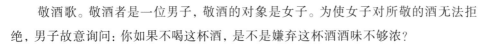

酒杯装酒白蒙蒙哎，[tʃiəu⁵³pəi³⁵tʃuaŋ³⁵tʃiəu⁵³pɛ³¹moŋ³¹moŋ³¹əi³¹]

我再咧递啊来那个酒一盅呢；[ŋo⁵³tsai²¹³lɛ³³ti²¹³a³¹lai³¹la²¹ko²¹³tʃiəu⁵³i³¹tʃoŋ³⁵n̠ə³¹]

你若喝了这杯酒啊，[n̠i⁵³ʒo³¹xo³⁵liau⁵³tʃɛ²¹pəi³⁵tʃiəu⁵³a³¹]

给我的心啊里那个也宽容呢。[kəi⁵³ŋo⁵³ti⁵⁵ʃin³⁵a³¹li⁵³la²¹ko²¹³iɛ³¹kʰuã³⁵ʒoŋ³¹n̠ə³¹]

　　敬酒歌。在对方已经喝了一杯后再敬一杯时所唱，所以歌里唱"我再递来酒一盅"。"高山汉"认为，有人到家做客，敬酒不能停歇，要一杯接一杯持续地敬。如果客人能不断地接受敬酒，主人就会开心快乐。

连情山歌 [liɛ̃³¹tʃʰin³¹ʃã³⁵ko⁵⁵]

远看表妹穿身蓝那个里莲花啊，[yɛ̃⁵³kʰã²¹³piau⁵³məi²¹³tʃʰuã³⁵ʃən⁵⁵lã³¹la²¹ko²¹³li⁵³liɛ̃³¹xua³⁵a³¹]

莲花落；[liɛ̃³¹xua³⁵lo³¹]

眉毛弯弯脸又团嘛，里落连，[mi³¹mau³¹uã³⁵uã⁵⁵liɛ̃⁵³iəu²¹³tʰuã³¹ma³¹，li⁵³lo³¹liɛ̃³¹]

花啊莲花落，莲花落；[xua³⁵a³¹liɛ̃³¹xua³⁵lo³¹，liɛ̃³¹xua³⁵lo³¹]

连喊三声不答应那个里莲花，[liɛ̃³¹xã⁵³sã³⁵ʃən⁵⁵pu³¹ta³¹in²¹³la²¹ko²¹³li⁵³liɛ̃³¹xua³⁵]

莲花落；[liɛ̃³¹xua³⁵lo³¹]

挽起衣袖就下满啊里莲花，[uã⁵³tʃʰi⁵³i³⁵ʃiəu²¹tʃiəu²¹ʃia²¹³mã⁵³a³¹li⁵³liɛ̃³¹xua³⁵]

花啊莲花落，莲花落。[xua³⁵a³¹liɛ̃³¹xua³⁵lo³¹，liɛ̃³¹xua³⁵lo³¹]

　　这是一首"莲花落"。"莲花落"是一种说唱兼有的汉族曲艺艺术，也是"高山汉"喜闻乐见的曲艺形式。乐业"莲花落"的唱词，以"高山汉话"合辙入韵。为了曲调的和谐，常加上"嘛""啊""那个"等衬词；句和句之间，段和段之间，还杂以"里莲花""莲花落""里落连"过渡，体现出回环往复的音乐美。常用二胡、月琴伴奏。这首"莲花落"体现了男子对心上人的赞美。

大十杯 [ta²¹³ʂʅ³¹pəi³⁵]

一杯酒来敬妹妹呀，[i³¹pəi³⁵tʃiəu⁵³lai³¹tʃin²¹məi²¹məi²¹³ia³¹]

郎嘛敬杯妹嘛太是叫声啊小乖乖哟，[laŋ³¹ma³¹tʃin²¹pəi³⁵məi²¹³ma³¹tʰai²¹ʂʅ²¹tʃiau²¹ʃən³⁵a³¹ʃiau⁵³kuai³⁵ kuai⁵⁵io³¹]

呀哦呀是叫声小乖乖哟；[ia³¹o³¹ia³¹ʂʅ²¹tʃiau²¹ʃən³⁵ʃiau⁵³kuai³⁵kuai⁵⁵io³¹]

酒杯放在云台上啊，[tʃiəu⁵³pəi³³faŋ²¹tsai²¹³yn³¹tʰai³¹ʃaŋ²¹³a³¹]

手拿银瓶把酒筛是叫声啊小乖乖哟，[ʃəu⁵³la³¹in³¹pʰin³¹pa⁵³tʃiəu⁵³ʃai³⁵ʂʅ²¹tʃiau²¹ʃən³⁵a³¹ʃiau⁵³kuai³⁵kuai⁵⁵io³¹] 筛：斟（酒）

呀哦呀是叫声啊小乖乖哟；[ia³¹o³¹ia³¹ʂʅ²¹³tʃiau²¹ʃən³⁵a³¹ʃiau⁵³kuai³⁵kuai⁵⁵io³¹]

喝杯酒来满满斟啊，[xo³⁵pəi⁵⁵tʃiəu⁵³lai³¹mã⁵³mã⁵³tʃən³⁵a³¹]

亲妹亲妹同根生是二人打老庚啊，[tʃʰin³⁵məi²¹tʃʰin³⁵məi²¹³tʰoŋ³¹kən³⁵ʃən³⁵ʂʅ²¹ə²¹³ʒən³¹ta⁵³lau⁵³kən³³a³¹]

打：此处指结交；老庚：同年但不一定同月同日生的朋友，比一般朋友更亲密

呀哦呀是二人打老庚哟；[ia³¹o³¹ia³¹ʂʅ²¹ə²¹³ʒən³¹ta⁵³lau⁵³kən³³io³¹]

哥是腊月三十晚啊，[ko³⁵ʂʅ²¹³la³¹yɛ³¹sã³³ʂʅ³¹uã⁵³a³¹]

妹是元宵闹花灯是二人打老庚哟，[məi²¹ʂʅ²¹³yɛ̃³¹ʃiau³⁵lau²¹xua³⁵tən⁵⁵ʂʅ²¹ə²¹³ʒən³¹ta⁵³lau⁵³kən³³io³¹]

呀哦呀是二人打老庚哟。[ia³¹o³¹ia³¹ʂʅ²¹ə²¹³ʒən³¹ta⁵³lau⁵³kən³³io³¹]

这是一首戏谑成分较浓的曲子，唱者以此向"妹妹"表达与之相处的愿望。

王家小姑娘 [uaŋ³¹tʃia³⁵ʃiau⁵³ku³⁵ȵiaŋ⁵⁵]

王家小姑娘，[uaŋ³¹tʃia³⁵ʃiau⁵³ku³⁵ȵiaŋ⁵⁵]

坐在牙床上，[tso²¹tsai²¹³ia³¹tʃʰuaŋ³¹ʃaŋ²¹³] 牙床：装饰精美的婚床（见图2-44）

茶也不吃饭也不想；[tʃʰa³¹iɛ⁵³pu³¹tʃʰi³¹fã²¹³iɛ⁵³pu³¹ʃiaŋ⁵³]

天气热不过，[tʰiɛ̃³⁵tʃʰi²¹³ʒɛ³¹pu³¹ko²¹³]

睡也睡不着，[ʃuəi²¹³iɛ⁵³ʃuəi²¹³pu³¹tʃo³¹]

浑身的汗水往啊下落；[xuən³¹ʃən³⁵ti⁵⁵xã²¹³ʃuəi⁵³uaŋ⁵³a³¹ʃia²¹³lo³¹]

刚刚一睡着，[kaŋ³⁵kaŋ⁵⁵i³¹ʃuəi²¹³tʃo³¹]

梦见小情哥，[moŋ²¹tʃiɛ̃²¹³ʃiau⁵³tʃʰin³¹ko³⁵]

梦见我情哥在呀喊我；[moŋ²¹tʃiɛ̃²¹³ŋo⁵³tʃʰin³¹ko³⁵tsai²¹³ia³¹xã⁵³ŋo⁵³]

反手把脚摸，[fã⁵³ʃəu⁵³pa⁵³tʃio³¹mo³⁵]

不见小情哥，[pu³¹tʃiɛ̃²¹³ʃiau⁵³tʃʰin³¹ko³⁵]

不见情哥眼啊泪落；[pu³¹tʃiɛ̃²¹³tʃʰin³¹ko³⁵iɛ̃⁵³a³¹luəi²¹³lo³¹]

睡前也无语，[ʃuəi²¹³tʃʰiɛ̃³¹iɛ⁵³u³¹y⁵³]

起来打主意，[tʃʰi⁵³lai³¹ta⁵³tʃu⁵³i²¹³]

写封书信寄呀出门；[ʃɛ⁵³foŋ³⁵ʃu³⁵ʃin²¹tʃi²¹³ia³¹tʃʰu³¹mən³¹]

铜锁响叮当，[tʰoŋ³¹so⁵³ʃiaŋ⁵³tin³³taŋ³³]

打开书柜箱，[ta⁵³kʰai³³ʃu³⁵kuəi²¹ʃiaŋ³⁵]

拿出信纸一呀两张；[la³¹tʃʰu³¹ʃin²¹³tʃʅ⁵³i³¹ia³¹liaŋ⁵³tʃaŋ³⁵]

字儿结成行，[tsʅ²¹³ə³¹tʃɛ³¹tʃʰən³¹xaŋ³¹]

墨儿磨成浆，[mɛ³¹ə³¹mo³¹tʃʰən³¹tʃiaŋ³⁵]

写封书信寄送我的郎。[ʃɛ⁵³foŋ³⁵ʃu³⁵ʃin²¹tʃi²¹soŋ²¹³ŋo⁵³ti³³laŋ³¹]

　　这首曲子表现的是小姑娘对情郎的思念。在歌中，小姑娘茶饭不思，梦见情郎，最终给情郎写信倾诉衷肠。

奴不怕 [lu³¹pu³¹pʰa²¹³]

告诉呀爹爹呀，[kau²¹su²¹³ia³¹tɛ³⁵tɛ⁵⁵ia³¹]

奴不怕呀呃发呀，[lu³¹pu³¹pʰa²¹³ia³¹ə³¹fa³¹ia³¹]

爹爹赶场不在家，[tɛ³⁵tɛ⁵⁵kã⁵³tʃʰaŋ³¹pu³¹tsai²¹tʃia³⁵] 赶场：赶集

奴家也不怕呃发呀，[lu³¹tʃia³⁵iɛ⁵³pu³¹pʰa²¹³ə³¹fa³¹ia³¹] 奴家：年轻女子自称

咿呀呀吱哟，[i³⁵ia³¹ia³¹tʃʅ³⁵io³¹]

奴家也不怕呀呃发呀；[lu³¹tʃia³⁵iɛ⁵³pu³¹pʰa²¹³ia³¹ə³¹fa³¹ia³¹]

告诉呀妈妈呀，[kau²¹su²¹³ia³¹ma³⁵ma⁵⁵ia³¹]

奴不怕呀呃发呀，[lu³¹pu³¹pʰa²¹³ia³¹ə³¹fa³¹ia³¹]

妈妈年老眼又花啊，[ma³⁵ma⁵⁵ȵiɛ³¹lau⁵³iɛ̃⁵³iəu²¹xua³⁵a³¹]

奴家也不怕呃发呀，[lu³¹tʃia³⁵iɛ⁵³pu³¹pʰa²¹³ə³¹fa³¹ia³¹]

咿呀呀吱哟，[i³⁵ia³¹ia³¹tʃʅ³⁵io³¹]

奴家也不怕呀呃发呀；[lu³¹tʃia³⁵iɛ⁵³pu³¹pʰa²¹³ia³¹ə³¹fa³¹ia³¹]

告诉呀哥哥呀，[kau²¹su²¹³ia³¹ko³⁵ko⁵⁵ia³¹]

奴不怕呀呃发呀，[lu³¹pu³¹pʰa²¹³ia³¹ə³¹fa³¹ia³¹]

哥哥当兵不在家，[ko³⁵ko⁵⁵taŋ³⁵pin³⁵pu³¹tsai²¹tʃia³⁵]

奴家也不怕呀呃发呀，[lu³¹tʃia³⁵iɛ⁵³pu³¹pʰa²¹³ia³¹ə³¹fa³¹ia³¹]

咿呀呀吱哟，[i³⁵ia³¹ia³¹tʃʅ³⁵io³¹]

奴家也不怕呀呃发呀；[lu³¹tʃia³⁵iɛ⁵³pu³¹pʰa²¹³ia³¹ə³¹fa³¹ia³¹]

告诉呀嫂嫂呀，[kau²¹su²¹³ia³¹sau⁵³sau³³ia³¹]

奴不怕呀呃发呀，[lu³¹pu³¹pʰa²¹³ia³¹ə³¹fa³¹ia³¹]

嫂嫂是个老行家啊，[sau⁵³sau³³ʂʅ²¹ko²¹³lau⁵³xaŋ³¹tʃia³⁵a³¹]

奴家也不怕呀呃发呀，[lu³¹tʃia³⁵iɛ⁵³pu³¹pʰa²¹³ia³¹ə³¹fa³¹ia³¹]

咿呀呀吱哟，[i³⁵ia³¹ia³¹tʃʅ³⁵io³¹]

奴家也不怕呀呃发呀；[lu³¹tʃia³⁵iɛ⁵³pu³¹pʰa²¹³ia³¹ə³¹fa³¹ia³¹]

告诉呀姐姐呀，[kau²¹su²¹³ia³¹tʃɛ⁵³tʃɛ³³ia³¹]

奴不怕呀呃发呀，[lu³¹pu³¹pʰa²¹³ia³¹ə³¹fa³¹ia³¹]

姐姐比我更差巴，[tʃɛ⁵³tʃɛ³³pi⁵³ŋo⁵³kən²¹tʂʰa³⁵pa⁵⁵] 差巴：差

奴家也不怕呀呃发呀，[lu³¹tʃia³⁵iɛ⁵³pu³¹pʰa²¹³ia³¹ə³¹fa³¹ia³¹]

咿呀呀吱哟，[i³⁵ia³¹ia³¹tʃʅ³⁵io³¹]

奴家也不怕呀呃发呀；[lu³¹tʃia³⁵iɛ⁵³pu³¹pʰa²¹³ia³¹ə³¹fa³¹ia³¹]

告诉呀妹妹呀，[kau²¹su²¹³ia³¹məi²¹məi²¹³ia³¹]

奴不怕呀呃发呀，[lu³¹pu³¹pʰa²¹³ia³¹ə³¹fa³¹ia³¹]

妹妹是个小娃娃啊，[məi²¹məi²¹³ʂʅ²¹ko²¹³ʃiau⁵³ua³¹ua³¹a³¹]

奴家也不怕呀呃发呀，[lu³¹tʃia³⁵iɛ⁵³pu³¹pʰa²¹³ia³¹ə³¹fa³¹ia³¹]

咿呀呀吱哟，[i³⁵ia³¹ia³¹tʂʅ³⁵io³¹]

奴家也不怕呀呃发呀。[lu³¹tʃia³⁵iɛ⁵³pu³¹pʰa²¹³ia³¹ə³¹fa³¹ia³¹]

这首曲子表现的是：一个独自在家的小姑娘虽然害怕，却又极力表现出有胆量的样子，展现了有趣的生活场景。

油菜歌 [iəu³¹tsʰai²¹ko³⁵]

一把菜籽黑油油，[i³¹pa⁵³tsʰai²¹³tsʅ⁵³xɛ³¹iəu³¹iəu³¹]

我的妞妞啊，[ŋo⁵³ti³³ȵiəu³⁵ȵiəu⁵⁵a³¹]

我的妞妞；[ŋo⁵³ti³³ȵiəu³⁵ȵiəu⁵⁵]

将来种在大呀大田头，[tʃiaŋ³⁵lai³¹tʃoŋ²¹tsai²¹ta²¹³ia³¹ta²¹³tʰiɛ̃³¹tʰəu³¹]

是大呀大田头，[ʂʅ²¹ta²¹³ia³¹ta²¹³tʰiɛ̃³¹tʰəu³¹]

是大田头嘛，我的妞妞，[ʂʅ²¹ta²¹³tʰiɛ̃³¹tʰəu³¹ma³¹，ŋo⁵³ti³³ȵiəu³⁵ȵiəu⁵⁵]

大田头啊，我的妞妞；[ta²¹³tʰiɛ̃³¹tʰəu³¹a³¹，ŋo⁵³ti³³ȵiəu³⁵ȵiəu⁵⁵]

九冬十月种菜籽啊，[tʃiəu⁵³toŋ³³ʂʅ³¹yɛ³¹tʃoŋ²¹tsʰai²¹³tsʅ⁵³a³¹]

我的妞妞嘛，我的妞妞；[ŋo⁵³ti³³ȵiəu³⁵ȵiəu⁵⁵ma³¹，ŋo⁵³ti³³ȵiəu³⁵ȵiəu⁵⁵]

寒冬腊月嘛青呀青油油，[xã³¹toŋ³⁵la³¹yɛ³¹ma³¹tʃʰin³⁵ia³¹tʃʰin³⁵iəu³¹iəu³¹]

是青呀青油油，[ʂʅ²¹tʃʰin³⁵ia³¹tʃʰin³⁵iəu³¹iəu³¹]

是青油油啊，我的妞妞，[ʂʅ²¹tʃʰin³⁵iəu³¹iəu³¹a³¹，ŋo⁵³ti³³ȵiəu³⁵ȵiəu⁵⁵]

青油油啊，我的妞妞；[tʃʰin³⁵iəu³¹iəu³¹a³¹, ŋo⁵³ti³³n̠iəu³⁵n̠iəu⁵⁵]

正二三月收过了啊，[tʃən²¹ɔ²¹sã³⁵yɛ³¹ʃəu³⁵ko²¹³liau⁵³a³¹]

我的妞妞嘛，我的妞妞；[ŋo⁵³ti³³n̠iəu³⁵n̠iəu⁵⁵ma³¹, ŋo⁵³ti³³n̠iəu³⁵n̠iəu⁵⁵]

将它打油啊妹呀妹梳头，[tʃiaŋ³⁵tʰa⁵⁵ta⁵³iəu³¹a³¹məi²¹³ia³¹məi²¹ʃu³⁵tʰəu³¹]

是妹呀妹梳头，[ʃʅ²¹məi²¹³ia³¹məi²¹ʃu³⁵tʰəu³¹]

是妹梳头哇，我的妞妞，[ʃʅ²¹məi²¹ʃu³⁵tʰəu³¹ua³¹, ŋo⁵³ti³³n̠iəu³⁵n̠iəu⁵⁵]

妹梳头啊，我的妞妞。[məi²¹ʃu³⁵tʰəu³¹a³¹, ŋo⁵³ti³³n̠iəu³⁵n̠iəu⁵⁵]

这是"高山汉"传统曲艺"唱灯"中一首唱词的片段。歌词表现的是一位男子对恋人的表白，歌词通过种油菜、收油菜籽、榨油、用油给恋人梳头等想象，表现了男子对恋人的情义。

豌豆歌 [uã³⁵təu²¹ko³⁵]

豌豆开花嘛咿哟，[uã³⁵təu²¹kʰai³⁵xua³⁵ma³¹i³¹io³¹]

绿豆红啦嘛哟咿哟，[lu³¹təu²¹³xoŋ³¹la³¹ma³¹io³¹i³⁵io³¹]

爹娘盼我嘛双双啊，[tɛ³⁵n̠iaŋ³¹pʰã²¹³ŋo⁵³ma³¹ʃuaŋ³⁵ʃuaŋ⁵⁵a³¹]

呀嚯哟，好好好啊，[ia³¹xo³¹io³¹, xau⁵³xau⁵³xau⁵³a³¹]

像条龙嘛，情哥是；[ʃiaŋ²¹³tʰiau³¹loŋ³¹ma³¹, tʃʰin³¹ko³⁵ʃʅ²¹³] 情哥是：衬词

一尺五寸嘛咿哟，[i³¹tʃʰʅ³¹u⁵³tsʰən²¹³ma³¹i³⁵io³¹]

洋盘大那么哟咿哟，[iaŋ³¹pʰã³¹ta²¹la²¹mo³⁵io³¹i³⁵io³¹]

梳头打扮嘛双双啊呀嚯哟，[ʃu³⁵tʰəu³¹ta⁵³pã²¹³ma³¹ʃuaŋ³⁵ʃuaŋ⁵⁵a³¹ia³¹xo³¹io³¹]

好好好啊，[xau⁵³xau⁵³xau⁵³a³¹]

嫁别人啊，情哥是；[tʃia²¹³pɛ³¹ʒən³¹a³¹, tʃʰin³¹ko³⁵ʃʅ²¹³]

门前狗窝嘛咿哟，[mən³¹tʃʰiɛ̃³¹kəu⁵³uo³⁵ma³¹i³⁵io³¹]

汪汪叫呀嘛哟咿哟，[uaŋ³⁵uaŋ⁵⁵tʃiau²¹³ia³¹ma³¹io³¹i³⁵io³¹]

媒公媒婆嘛双双啊呀嚯哟，[məi³¹koŋ³⁵məi³¹pʰo³¹ma³¹ʃuaŋ³¹ʃuaŋ⁵⁵a³¹ia³¹xo³¹io³¹]

好好好啊，[xau⁵³xau⁵³xau⁵³a³¹]

来提亲嘛，情哥是；[lai³¹tʰi³¹tʃʰin³⁵ma³¹，tʃʰin³¹ko³⁵ʃʅ²¹³]

爹爹堂前嘛咿哟，[tɛ³⁵tɛ⁵⁵tʰaŋ³¹tʃʰiɛ̃³¹ma³¹i³⁵io³¹]

不放话呀嘛哟咿哟，[pu³¹faŋ²¹xua²¹³ia³¹ma³¹io³¹i³⁵io³¹]

路在房转嘛双双呀嚯哟，[lu²¹tsai²¹³faŋ³¹tʃuã⁵³ma³¹ʃuaŋ³⁵ʃuaŋ⁵⁵ia³¹xo³¹io³¹] 房转：房子的转角

好好好哇，[xau⁵³xau⁵³xau⁵³ua³¹]

大家伙嘛，情哥是；[ta²¹tʃia³⁵xo⁵³ma³¹，tʃʰin³¹ko³⁵ʃʅ²¹³]

妈妈堂前嘛咿哟，[ma³⁵ma⁵⁵tʰaŋ³¹tʃʰiɛ̃³¹ma³¹i³⁵io³¹]

放了话啦嘛哟咿哟，[faŋ²¹³liau⁵³xua²¹³la³¹ma³¹io³¹i³⁵io³¹]

路在房转嘛双双啊呀嚯哟，[lu²¹tsai²¹³faŋ³¹tʃuã⁵³ma³¹ʃuaŋ³⁵ʃuaŋ⁵⁵a³¹ia³¹xo³¹io³¹]

好好好啊，[xau⁵³xau⁵³xau⁵³a³¹]

小莺莺嘛，情哥是；[ʃiau⁵³in³³in³³ma³¹，tʃʰin³¹ko³⁵ʃʅ²¹³]

对面坡上嘛咿哟，[tuəi²¹miɛ̃²¹pʰo³⁵ʃaŋ²¹³ma³¹i³⁵io³¹]

有家人那么哟咿哟，[iəu⁵³tʃia³⁵ʒən³¹la²¹mo⁵³io³¹i³⁵io³¹]

敲锣打鼓嘛双双啊呀嚯哟，[tʃʰiau³⁵lo³¹ta⁵³ku⁵³ma³¹ʃuaŋ³⁵ʃuaŋ⁵⁵a³¹ia³¹xo³¹io³¹]

好好好啊，[xau⁵³xau⁵³xau⁵³a³¹]

来接亲嘛，情哥是。[lai³¹tʃɛ³¹tʃʃin³⁵ma³¹，tʃʰin³¹ko³⁵ʃʅ²¹³]

　　"唱灯"片段。大意：一个女子与情郎相恋，但情郎请来媒人后，父母并不答应，却把女子许配给另一人家。

牛郎和织女 [n̠iəu³¹laŋ³¹xo³¹tʃʅ³¹n̠y⁵³]

我来讲一个牛郎与织女的故事。[ŋo⁵³lai³¹tʃiaŋ⁵³i³¹ko²¹³n̠iəu³¹laŋ³¹y⁵³tʃʅ³¹n̠y⁵³ti⁵³ku²¹ʃʅ²¹³]

牛郎，家里很穷，[n̠iəu³¹laŋ³¹，tʃia³⁵li⁵³xən⁵³tʃʰioŋ³¹]

自小父母双亡，[tsʅ²¹ʃiau⁵³fu²¹mu⁵³ʃuaŋ³⁵uaŋ³¹]

他就是跟一头老牛维持生活，[tʰa³⁵tʃiəu²¹ʃʅ²¹³kən³⁵i³¹tʰəu³¹lau⁵³n̠iəu³¹uəi³¹tʃʰʅ³¹ʃən³⁵xo³¹]

他非常地勤劳勇敢。[tʰa³⁵fəi³⁵ʃaŋ³¹ti⁵³tʃʰin³¹lau³¹ioŋ⁵³kã⁵³]

这头老牛是天上的金牛星，[tʃɛ²¹tʰəu³¹lau⁵³n̠iəu³¹ʃʅ²¹³tʰiɛ³⁵ʃaŋ²¹ti⁵³tʃin³⁵n̠iəu³¹ʃin³⁵]

见他很勤劳勇敢，[tʃiɛ²¹tʰa³⁵xən⁵³tʃʰin³¹lau³¹ioŋ⁵³kã⁵³]

心想帮他找一个妻子成家。[ʃin³⁵ʃiaŋ⁵³paŋ³⁵tʰa⁵⁵tʃau⁵³i³¹ko²¹tʃʰi³⁵tsʅ⁵³tʃʰən³¹tʃia³⁵]

是夜，老牛都托梦给他，[ʃʅ²¹iɛ²¹³，lau⁵³n̠iəu³¹təu³⁵tʰo³¹moŋ²¹³kəi⁵³tʰa³⁵] 是夜：这一夜；都：就

说："明天某个时候，[ʃo³¹：min³¹tʰiɛ³⁵məu⁵³ko²¹³ʃʅ³¹xəu²¹³]

你到某某河边，[n̠i⁵³tau²¹³məu⁵³məu⁵³xo³¹piɛ³⁵]

有几个仙女来那里洗凉，[iəu⁵³tʃi⁵³ko²¹ʃiɛ³⁵n̠y⁵³lai³¹la²¹li⁵³ʃi⁵³liaŋ³¹] 洗凉：洗澡

呃，[ə³¹]

你就帮她们衣服拿了一件，[n̠i⁵³tʃiəu²¹paŋ³⁵tʰa³³mən⁵⁵i³⁵fu³¹la³¹liau⁵³i³¹tʃiɛ²¹³] 帮：把

你就不回头地往回跑，[n̠i⁵³tʃiəu²¹pu³¹xuəi³¹tʰəu³¹ti⁵³uaŋ⁵³xuəi³¹pʰau⁵³]

晚上就有人来跟你成亲啦。"[uã⁵³ʃaŋ²¹tʃiəu²¹iəu⁵³ʒən³¹lai³¹kən³⁵n̠i⁵³tʃʰən³¹tʃʰin³⁵la⁵³]

第二天早上，[ti²¹ə²¹tʰiɛ³⁵tsau⁵³ʃaŋ²¹³]

牛郎就按照得到的梦去到那个河边，[n̠iəu³¹laŋ³¹tʃiəu²¹ŋã²¹tʃau²¹³te³¹tau²¹ti⁵³moŋ²¹³tʃʰy²¹tau²¹la²¹ko²¹³
xo³¹piɛ³⁵]

果然看到几个仙女在那水里打闹嬉笑，[ko⁵³ʒã³¹kʰã²¹tau²¹³tʃi⁵³ko²¹ʃiɛ³⁵n̠y⁵³tsai²¹la²¹³ʃuəi⁵³li⁵³ta⁵³lau²¹³
　　ʃi³⁵ʃiau²¹³]

看见几个仙女非常非常地好看。[kʰã²¹tʃiɛ²¹³tʃi⁵³ko²¹ʃiɛ³⁵n̠y⁵³fəi³⁵ʃaŋ³¹fəi³⁵ʃaŋ³¹ti⁵³xau⁵³kʰã²¹³]

他都拿起树上的一件衣服，[tʰa³⁵təu⁵⁵la³¹tʃʰi⁵³ʃu²¹ʃaŋ²¹³ti⁵³i³¹tʃiɛ²¹i³⁵fu³¹]

头也不回地跑回家中。[tʰəu³¹iɛ⁵³pu³¹xuəi³¹ti⁵³pʰau⁵³xuəi³¹tʃia³⁵tʃoŋ⁵⁵]

当天晚上深夜，[taŋ³⁵tiɛ⁵⁵uã⁵³ʃaŋ²¹ʃən³⁵iɛ²¹³]

听见有人敲门，[tʰin²¹tʃiɛ²¹³iəu⁵³ʒən³¹kʰau³⁵mən³¹]

他就出去开门一看，[tʰa³⁵tʃiəu²¹tʃʰu³¹tʃʰy²¹³kʰai³⁵mən³¹i³¹kʰã²¹³]

果然一个美貌的女子站在他的面前。[ko⁵³ʒã³¹i³¹ko²¹³məi⁵³mau²¹³ti⁵³n̠y⁵³tsʅ⁵³tʃã²¹tsai²¹³tʰa³⁵ti⁵³miɛ²¹³
　　tʃʰiɛ³¹]

他都把女子喊进了屋，[tʰa³⁵təu⁵⁵pa⁵³n̠y⁵³tsʅ⁵³xã⁵³tʃin²¹liau⁵³u³¹]

当夜都成了亲啦。[taŋ³⁵iɛ²¹³təu³⁵tʃʰən³¹liau⁵³tʃʰin³⁵la⁵³]

成亲以后，[tʃʰən³¹tʃʰin³⁵i⁵³xəu²¹³]

夫妻两个非常地恩爱，[fu³⁵tʃʰi⁵⁵liaŋ⁵³ko²¹fəi³⁵ʃaŋ³¹ti⁵³ŋən³⁵ŋai²¹³]

高高兴兴地过了三年。[kau³⁵kau⁵⁵ʃin²¹ʃin²¹³ti⁵³ko²¹³liau⁵³sã³⁵n̠iɛ³¹]

三年以后，[sã³⁵n̠iɛ³¹i⁵³xəu²¹³]

有一天，[iəu⁵³i³¹tʰiɛ³⁵]

忽然天上闪电雷鸣，[fu³¹ʒã³¹tʰiɛ³⁵ʃaŋ²¹³ʃã⁵³tiɛ²¹³luəi³¹min³¹]

下起了倾盆大雨。[ʃia²¹³tʃʰi⁵³liau⁵³tʃʰin³⁵pʰən³¹ta²¹³y⁵³]

他的妻子，[tʰa³⁵ti⁵³tʃʰi³⁵tsʅ⁵³]

织女忽然不见了，[tʃʅ³¹n̠y⁵³fu³¹ʒã³¹pu³¹tʃiɛ²¹³liau⁵³]

他的两个小孩，[tʰa³⁵ti⁵³liaŋ⁵³ko²¹³ʃiau⁵³xai³¹]

一男一女，[i³¹lã³¹i³¹n̠y⁵³]

哭着喊着叫妈妈。[kʰu³¹tʃo³¹xã⁵³tʃo³¹tʃiau²¹ma³⁵ma⁵⁵]

牛郎很是着急，[ɲiəu³¹laŋ³¹xən⁵³ʃ̩³¹tʃo³¹tʃi³¹]

这时，他的老牛，发话啦：[tʃɛ²¹³ʃ̩³¹，tʰa³⁵ti⁵³lau⁵³ɲiəu³¹，fa³¹xua²¹³la³³]

"你别急，[ɲi⁵³pɛ³¹tʃi³¹]

你帮我头上的双角取下来，[ɲi⁵³paŋ³⁵ŋo⁵³tʰəu³¹ʃaŋ²¹³ti⁵³ʃuaŋ³⁵ko³¹tʃʰy⁵³ʃia²¹³lai³¹]

变成两只箩筬，[piɛ̃²¹³tʃʰən³¹liaŋ⁵³tʃ̩⁵³lo³¹təu³⁵] 箩筬：箩筐

你挑上小孩去追吧。"[ɲi⁵³tʰiau³⁵ʃaŋ²¹³ʃiau⁵³xai³¹tʃʰy⁵³tʃuəi³⁵pa³¹]

话刚说完，[xua²¹kaŋ³⁵ʃo³¹uã³¹]

它的双角都掉在了地上，[tʰa³⁵ti⁵³ʃuaŋ³⁵ko³¹təu³⁵tiau²¹tsai²¹³liau⁵³ti²¹ʃaŋ²¹³]

变成了一对箩筐。[piɛ̃²¹³tʃʰən³¹liau⁵³i³¹tuəi²¹³lo³¹kʰuaŋ³⁵]

果然，[ko⁵³ʒã³¹] 果然：于是

牛郎都把两个小孩放在箩筐内，[ɲiəu³¹laŋ³¹təu³⁵pa⁵³liaŋ⁵³ko²¹³ʃiau⁵³xai³¹faŋ²¹tsai²¹³lo³¹kʰuaŋ³⁵luəi²¹³]

系上绳子，[ʃi²¹ʃaŋ²¹³ʃuən³¹tsɿ⁵³]

用扁担挑着，[ioŋ²¹³piɛ̃⁵³tã²¹³tʰiau³⁵tʃo³¹]

往门外跑去。[uaŋ⁵³mən³¹uai²¹³pʰau⁵³tʃʰy²¹³]

出了门口，[tʃʰu³¹liau⁵³mən³¹kʰəu⁵³]

两只箩筬突然飞了起来，[liaŋ⁵³tʃ̩³¹lo³¹təu³⁵tʰu³¹ʒã³¹fəi³⁵liau⁵³tʃʰi⁵³lai³¹]

上了天上，[ʃaŋ²¹³liau⁵³tʰiɛ̃³⁵ʃaŋ²¹³]

它飞呀飞呀，[tʰa³⁵fəi³⁵ia³¹fəi³⁵ia³¹]

飞到天上，[fəi³⁵tau²¹tʰiɛ̃³⁵ʃaŋ²¹³]

眼看就追到织女啦。[iɛ̃⁵³kʰã²¹³tʃiəu²¹tʃuəi³⁵tau²¹³tʃ̩³¹ɲy⁵³la⁵³]

这时王母娘娘看见，[tʃɛ²¹ʃ̩³¹uaŋ³¹mu⁵³ɲiaŋ³¹ɲiaŋ³¹kʰã²¹tʃiɛ̃²¹³]

牛郎要追到织女啦，[ɲiəu³¹laŋ³¹iau²¹tʃuəi³⁵tau²¹³tʃ̩³¹ɲy⁵³la⁵³]

从头上取下银针，[tsʰoŋ³¹tʰəu³¹ʃaŋ²¹³tʃʰy⁵³ʃia²¹³in³¹tʃən³⁵] 银针：银钗

从中间划了一道，[tsʰoŋ³¹tʃoŋ³⁵tʃʃiɛ̃⁵⁵xua²¹³liau⁵³i³¹tau²¹³]

变成了望不到边的银河。[piɛ̃²¹³tʃʰən³¹liau⁵³uaŋ²¹³pu³¹tau²¹piɛ̃³⁵ti⁵³in³¹xo³¹]

深不见底的河，[ʃən³⁵pu³¹tʃiɛ̃²¹³ti⁵³ti⁵³xo³¹]

把他们，[pa⁵³tʰa³⁵mən⁵⁵]

牛郎织女活生生地隔开啦。[ɲiəu³¹laŋ³¹tʃ̩³¹ny⁵³xo³¹ʃən³⁵ʃən⁵⁵ti⁵³kɛ³¹kʰai³⁵la⁵³]

此时，喜鹊看见，[tsʰ̩⁵³ʃ̩³¹，ʃi⁵³tʃʰio³¹kʰã²¹tʃiɛ̃²¹³]

就跟牛郎讲：[tʃiəu²¹kən³⁵ɲiəu³¹laŋ³¹tʃiaŋ⁵³]

"你先回去吧，[ɲi⁵³ʃiɛ̃³⁵xuəi³¹tʃʰy²¹³pa³¹]

到七月初七这天，[tau²¹³tʃʰi³¹yɛ³¹tʃʰu³⁵tʃʰi³¹tʃɛ²¹tʰiɛ̃³⁵]

你才来。"[ɲi⁵³tsʰai³¹lai³¹] 才：再

果然，牛郎无奈地回到家中。[ko⁵³ʒã³¹，ɲiəu³¹laŋ³¹u³¹lai²¹³ti⁵³xuəi³¹tau²¹tʃia³⁵tʃoŋ⁵⁵]

到了七月初七这天，[tau²¹liau⁵³tʃʰi³¹yɛ³¹tʃʰu³⁵tʃʰi³¹tʃɛ²¹tʰiɛ̃³⁵]

牛郎又去到银河边，[ɲiəu³¹laŋ³¹iəu²¹tʃʰy²¹tau²¹³in³¹xo³¹piɛ̃³⁵]

有千万只喜鹊，[iəu⁵³tʃʰiɛ̃³⁵uã²¹³tʃ̩³¹ʃi⁵³tʃʰio³¹]

一个夹着一个的尾巴，[i³¹ko²¹³ka³¹tʃo³¹i³¹ko²¹³ti⁵³uəi⁵³pa³³]

搭成了一座鹊桥，[ta³¹tʃʰən³¹liau⁵³i³¹tso²¹³tʃʰio³¹tʃʰiau³¹]

让牛郎织女在桥上相见。[ʒaŋ²¹³ɲiəu³¹laŋ³¹tʃ̩³¹ny⁵³tsai²¹³tʃʰiau³¹ʃaŋ²¹ʃiaŋ³⁵tʃiɛ̃²¹³]

以后，每年的七月初七，[i⁵³xəu²¹³，məi⁵³ɲiɛ̃³¹ti⁵³tʃʰi³¹yɛ³¹tʃʰu³⁵tʃʰi³¹]

他们只能见上一面。[tʰa³⁵mən⁵⁵tʃ̩⁵³lən³¹tʃiɛ̃²¹ʃaŋ²¹³i³¹miɛ̃²¹³]

这个就是牛郎与织女的故事。[tʃɛ²¹ko²¹tʃiəu²¹³ʃ̩²¹³ɲiəu³¹laŋ³¹y⁵³tʃ̩³¹ny⁵³ti⁵³ku²¹ʃ̩²¹³]

牛郎和织女

我来讲一个牛郎和织女的故事。

牛郎从小父母双亡，家里很穷，和一头老牛相依为命，但他非常勤劳勇敢。这头老牛是从天上下凡的金牛星，看到他勤劳勇敢，就想帮他找一个妻子成家。这天晚上，老牛托梦给他，说："明天某个时候，你到河边，有几个仙女会去河里洗澡，你就把她们的一件衣服拿着，然后不要回头地往回跑，晚上就会有人来跟你成亲。"第二天早上，牛郎按照梦中老牛说的话去了河边，果然看到几个仙女在水里打闹嬉笑，那几个仙女非常美丽。牛郎拿起树上的一件衣服，头也不回地跑回家中。当天深夜，牛郎听到有人敲门，开门一看，果然有一个美貌的女子站在面前。他把女子喊进屋，当晚就成了亲。成亲以后，夫妻两人非常恩爱，高高兴兴地过了三年。三年之后，有一天，忽然电闪雷鸣，下起了倾盆大雨。他的妻子织女忽然不见了，他的两个孩子，一儿一女，哭着喊着叫妈妈。牛郎非常着急，这时老牛发话了，说："你别急，你把我头上的双角取下来，变成两只箩筐，你挑上孩子去追吧。"话刚说完，它的双角就掉在了地上，变成了一对箩筐。于是，牛郎把两个孩子放在箩筐里，系上绳子，用扁担挑着，向门外跑去。到了门外，两只箩筐突然飞了起来，飞到了天上。飞呀飞呀，眼看就要追上织女了。王母娘娘看见牛郎就要追上织女了，就从头上取下银钗，在牛郎和织女中间划了一道，变出了一条望不到边的银河。河水深不见底，把牛郎和织女活生生地隔开了。这时，喜鹊看见了，就对牛郎说："你先回去吧，到七月初七这天，你再来。"于是，牛郎无奈地回到家中。到了七月初七这天，牛郎又到银河边去，有千万只喜鹊，一只夹着另一只的尾巴，搭成了一座鹊桥，让牛郎织女在桥上相见。这以后，每年的七月初七，他们都能见上一面。这就是牛郎与织女的故事。

云盘山的故事 [yn³¹pʰã³¹ʃã³⁵ti⁵³ku²¹ʃʅ²¹³]

我来讲一个我们当地云盘山的故事。[ŋo⁵³lai³¹tʃiaŋ⁵³i³¹ko²¹³ŋo⁵³mən³¹taŋ³⁵ti²¹³yn³¹pʰã³¹ʃã³⁵ti⁵³ku²¹ʃʅ²¹³]

云盘山，[yn³¹pʰã³¹ʃã³⁵]

坐落在乐业县同乐镇陆韦村兴隆屯后背山。[tso²¹³lo³¹tsai²¹³lo³¹nɛ³¹ʃiɛ̃²¹³tʰoŋ³¹lo³¹tʃən²¹³lu³¹uei³¹ tsʰən³⁵ʃin³⁵loŋ³¹tən²¹³xəu²¹pəi²¹ʃã³⁵]

云盘山上，[yn³¹pʰã³¹ʃã³⁵ʃaŋ²¹³]

相传北宋时期，[ʃiaŋ³⁵tʃʰuã³¹pe³¹soŋ²¹³ʃʅ³¹tʃʰi³¹]

云雾缭绕，[yn³¹u²¹³liau³¹ʒau⁵³]

曾有清清的泉水从山顶流出。[tsʰən³¹iəu⁵³tʃʰin³⁵tʃʰin³⁵ti⁵³tʃʰyɛ̃³¹ʃuəi⁵³tsʰoŋ³¹ʃã³⁵tin⁵³liəu³¹tʃʰu³¹]

当时，山上住着兄弟两人，[taŋ³⁵ʃ̩³¹，ʃã³⁵ʃaŋ²¹tʃu²¹tʃo³¹ʃioŋ³⁵ti²¹³liaŋ⁵³ʒən³¹]

大哥高必强，[ta²¹ko³⁵kau³⁵pi³¹tʃʰiaŋ³¹]

二弟高必达。[ə²¹ti²¹³kau³⁵pi³¹ta³¹]

当时有两幢房子，[taŋ³⁵ʃ̩³¹iəu⁵³liaŋ⁵³tʃʰuaŋ³¹faŋ³¹tsʐ̩⁵³]

一个做一幢。[i³¹ko²¹tso²¹i³¹tʃʰuaŋ³¹]

由于府衙在凌云，[iəu³¹y⁵³fu⁵³ia³¹tsai²¹³lin³¹yn³¹]

泗城府，[sʐ̩²¹³tʃʰən³¹fu⁵³]

隔得很远，[kɛ³¹tɛ³¹xən⁵³yɛ̃⁵³]

货币流通、交通不便，[xo²¹pi²¹³liəu³¹tʰoŋ³⁵、tʃiau³⁵tʰoŋ⁵⁵pu³¹piɛ̃²¹³]

想要吃肉，[ʃiaŋ⁵³iau²¹³tʃʰi³¹ʒu³¹]

要到很远很远的地方去买。[iau²¹tau²¹³xən⁵³yɛ̃⁵³xən⁵³yɛ̃⁵³ti⁵³ti²¹faŋ³⁵tʃʰy²¹³mai⁵³]

他兄弟二人，[tʰa³⁵ʃioŋ³⁵ti²¹ə²¹³ʒən³¹]

靠偷和抢为生，[kʰau²¹tʰəu³⁵xo³¹tʃʰiaŋ⁵³uəi³¹ʃən³⁵]

称为地方的一霸。[tʃʰən³⁵uəi³¹ti²¹faŋ³⁵ti⁵³i³¹pa²¹³]

尤其是大哥高必强，[iəu³¹tʃʰi³¹ʃ̩²¹³ta²¹ko³⁵kau³⁵pi³¹tʃʰiaŋ³¹]

武艺高强，神通广大，[u⁵³ȵi²¹kau³⁵tʃiaŋ³¹，ʃən³¹tʰoŋ³⁵kuaŋ⁵³ta²¹³]

曾经夹□角夹着两只簸箕，[tsʰən³¹tʃin³⁵ʃia³¹kʰaŋ³⁵tʃio³¹ka³¹tʃo³¹liaŋ⁵³tʃʐ̩³¹po⁵³tʃi³³] 夹□角：腋窝

飞到花坪叫强崖的地方去买猪肉回来做早饭菜。[fəi³⁵tau²¹xua³⁵pʰin³¹tʃiau²¹³tʃʰiaŋ³¹ŋai³¹ti⁵³ti²¹faŋ³⁵
tʃʰy²¹³mai⁵³tʃu³⁵ʒu³¹xuəi³¹lai³¹tso²¹³tsau⁵³fã²¹tsʰai²¹³] 早饭菜：午饭

当时，没得人敢惹他们，[taŋ³⁵ʃ̩³¹，məi⁵³tɛ³¹ʒən³¹kã⁵³ʒɛ⁵³tʰa³⁵mən⁵⁵] 没得：没有

称为地方上一霸。[tʃʰən³⁵uəi³¹ti²¹faŋ³⁵ʃaŋ²¹³i³¹pa²¹³]

当地的官府曾多次围剿，[taŋ³⁵ti²¹³ti⁵³kuã³⁵fu⁵³tsʰən³¹to³⁵tsʰ-n²¹³uəi³¹tʃiau⁵³]

都没有攻克得下。[təu³⁵mei⁵³iəu⁵³koŋ³⁵kʰɛ³¹te³¹ʃia²¹³]

一直到宋仁宗登位以后，[i³¹tʃʅ³¹tau²¹³soŋ²¹ʒən³¹tsoŋ³⁵tən³⁵uəi²¹³i⁵³xəu²¹³]

派杨家女将征西，[pʰai²¹iaŋ³¹tʃia³⁵n̠y⁵³tʃiaŋ²¹³tʃən³⁵ʃi³⁵]

夜晚埋火药于云盘山下，[iɛ²¹³uã⁵³mai³¹xo⁵³io³¹y⁵³yn³¹pʰã³¹ʃã³⁵ʃia²¹³]

才攻下这高氏兄弟。[tsʰai³¹koŋ³⁵ʃia²¹tʃɛ²¹kau³⁵ʃʅ²¹ʃioŋ³⁵ti²¹³]

攻下高氏兄弟以后，[koŋ³⁵ʃia²¹kau³⁵ʃʅ²¹ʃioŋ³⁵ti²¹³i⁵³xəu²¹³]

云盘山上的水没得啦。[yn³¹pʰã³¹ʃã³⁵ʃaŋ²¹³ti⁵³ʃuəi⁵³mei⁵³tɛ³¹la⁵³]

所以，一直到一九七几年，[so⁵³i⁵³, i³¹tʃʅ³¹tau²¹³i³¹tʃiəu⁵³tʃʰi³¹tʃi⁵³n̠iɛ³¹]

大集体的时候，[ta²¹³tʃi³¹tʰi⁵³ti⁵³ʃʅ³¹xəu²¹³] 大集体：二十世纪五十年代至七十年代末期，"大锅饭"时代

云盘山高家屋基这个地方，[yn³¹pʰã³¹ʃã³⁵kau³⁵tʃia⁵⁵u³¹tʃi³⁵tʃɛ²¹ko²¹ti²¹faŋ³⁵] 屋基：房屋的地基

还是阴森森，[xai³¹ʃʅ²¹in³⁵sən³⁵sən³⁵]

非常恐怖。[fei³⁵ʃaŋ³¹kʰoŋ⁵³pu²¹³]

那里的刀刀枪枪都还有，[la²¹³li⁵³ti⁵³tau³⁵tau⁵⁵tʃʰiaŋ³⁵tʃʰiaŋ⁵⁵təu³⁵xai³¹iəu⁵³]

当时，有人把那些刀枪捡回家中，[taŋ³⁵ʃʅ³¹, iəu⁵³ʒən³¹pa⁵³la²¹ʃɛ³⁵tau³⁵tʃʰiaŋ⁵⁵tʃiɛ⁵³xuəi³¹tʃia³⁵tʃoŋ⁵⁵]

就有怪异发生，[tʃiəu²¹³iəu⁵³kuai²¹i²¹³fa³¹ʃən³⁵] 怪异：奇怪诡异的事情

不是头痛，就是肚痛，[pu³¹ʃʅ²¹³tʰəu³¹tʰoŋ²¹³, tʃiəu²¹ʃʅ²¹tu²¹tʰoŋ²¹³]

不是肚痛，就是做恶梦。[pu³¹ʃʅ²¹tu²¹tʰoŋ²¹³, tʃiəu²¹ʃʅ²¹tso²¹ŋo²¹moŋ²¹³] 恶梦：噩梦

第二天，[ti²¹ə²¹tʰiɛ³⁵]

把那些东西退回去云盘山，[pa⁵³la²¹ʃɛ³⁵toŋ³⁵ʃi⁵⁵tʰuəi²¹xuəi²¹tʃʰy²¹³yn³¹pʰã³¹ʃã³⁵]

又没得事了。[iəu²¹³mei⁵³tɛ³¹ʃʅ²¹³la⁵³]

云盘山的故事

　　我来讲一个我们当地云盘山的故事。云盘山，坐落在乐业县同乐镇陆韦村兴隆屯后背山上。相

传北宋时期,云盘山云雾缭绕,有清清的泉水从山顶流出。当时,山上住着兄弟二人,大哥叫高必强,二弟叫高必达。当时他们建了两栋房子,一人一栋。由于府衙在凌云,那时叫泗城府,云盘山离泗城府很远,货币不流通,交通也不便利。如果想要吃肉,就要到很远很远的地方去买。他们兄弟二人,以偷窃和抢劫为生,被称为地方一霸。尤其是大哥高必强,武艺高强,神通广大,曾经用腋窝夹着两只簸箕,到花坪一个叫强崖的地方去买猪肉回来做午餐。当时,没有人敢惹他们。当地官府曾多次围剿云盘山,都没有攻克下来。一直到宋仁宗登基以后,派杨家女将西征,晚上把火药埋在云盘山下,才攻下了高氏兄弟的地盘。打败高氏兄弟以后,云盘山上的水就没有了。一直到一九七几年,还在"吃大锅饭"的时候,云盘山高家屋基这个地方,还是阴森森的,非常可怕。那里还遗留有很多刀枪。当时,有人把那些刀枪捡回家,接着,就会有诡异的事情发生。捡回刀枪的人,不是头痛,就是肚子痛,有时还会做噩梦。第二天,把那些东西退回云盘山,又没事了。

10-1 ◆调查传统建筑"寨子"。因其多位于山地，昼夜温差大，极易形成有雾天气

最早听到"高山汉"这一名称，是在大学毕业参加工作之后，我的很多同事常常提到这样一个族群。后来，在少数民族聚居的桂西，这群少见的说着"纯正"汉语的人，在我身边渐渐多了起来，并慢慢地引起了我的注意。之后，学校的几位老师出版了一本《族群岛：浪平高山汉探秘》（广西民族出版社，1999 年），我也逐渐结交了一群"高山汉"朋友，对这个族群的了解开始丰富起来。我清晰地记得，十多年前的某一个上午，站在世界闻名的大石围天坑的边上，我听见，远远的弥漫着薄雾的山坳上，清亮的"高山汉"山歌蜿蜒飘来——在本项目进行的两年时间里，我耳边时常响起那一段天籁！

2008 年，我开始撰写我的硕士学位论文。在我所生活的百色，有粤语、平话、客家话、官话（西南官话）等汉语方言，我最终选择了属于西南官话的"高山汉话"作为我论文研究的对象。为了完成论文，我两次住到大山里仅有七户人家的小小的"高山汉"村庄——"马尿水"。第一次去是那一年中最冷的几天。每天，发音人都把烧得旺旺的炭火推到我跟前，然后耐心地回答我提出的令他们觉得很奇怪的各种问题。调查结束前的晚上，发音人杀了鸡，炒了腊肉，我和发音人一家喝了个透醉。第二次到"马尿水"，发音人的侄女，我的学生席秋兰，背着背

中国语言文化典藏

10-2 ◆调查儿童游戏

篓，带我爬上屋后的山，我根据她的介绍记录见到的所有植物的名称；不认识的植物，秋兰就把枝叶折下，背回家询问老人。也是那一次，健谈的发音人给我唱了一首又一首的山歌，在一首山歌里，我听到了"林檎"[lin³¹tʃʰin³¹]苹果的旧称这样一个我从没听到过的名词。

这之后，我申报了一个以"高山汉话"为研究对象的教育部课题，又到那坡、乐业等地调查了"高山汉话"。在那坡风景如画、有着古人类遗址的感驮岩下，在乐业腊月滚烫的"火塘"边，我记录下了这个族群文化中许多有趣的内容。我的调查，最终形成了专著《桂西高山汉话研究》（中国社会科学出版社，2016年）。

接到主持"中国语言文化典藏·乐业"的任务，我立刻感受到了巨大的压力。比起我之前的调查，典藏项目的开展，需要更多的实地调研和挖掘，需要更持之以恒的努力。于是，我和我的课题组成员李国俊、滕韧、陆焱焱一道，利用各种节假日，驱车四个多小时到乐业，与在当地工作的母语人郑敬文会合，一个一个村庄寻找图片材料，一个一个乡镇捕捉文化视像。

10-3 ◆调查春播

　　为了拍摄节日的内容，2016年的"七月半"，我、滕韧、陆森焱和我儿子吕卓骏，提着两只鸭子，就在郑敬文家中过节。我们逐一拍摄了这个节日中"高山汉"祭奠先人的各个程序，以及一道又一道特色鲜明的菜肴。伴着我们的调查，那天，儿子在郑敬文家中的沙梨树下吃着烤玉米，做着作业。

　　最难完成的拍摄任务是丧葬仪式。我们想尽了各种办法，终于在2017年的劳动节，联系到了愿意让我们拍摄丧葬仪式的人家。五天时间里，我们不分昼夜守在现场，从灵堂内举行的各种仪式，到出殡，直至棺木被众人抬到墓地，我们目睹了"高山汉"特色鲜明的丧葬文化，拍摄了大量相片和视频。整整五天，我们终于完成了这一项最为艰巨的调查任务。

　　乐业，是百色较为偏远的一个县，因此保留的传统器物、民俗也相对多一些。所以，我们很容易就见到了传统的岩石雕成的"崖黄缸"、依山而筑的石梯、上下两层的便于吃火锅的"火盆架"、放置菜刀的"薄刀架"、做糍粑用的"粑圈"、放置食物的"炕"……

　　"高山汉"的传统民俗非常丰富，不少还在如今的生活中延续着。比如在本书作者之一郑敬文家过"七月半"的时候，主人一定要我坐在主位的右侧。我在郑敬文家的几天，他们家里一直没有人"猜码"（划拳），因为家中老人过世还未满三年。这是他们一直坚守的风俗。所以，"猜码"的图片是我的学生冉茂进找了他的两个朋友一起吃饭才拍下来的。

尽管如此，采集难度仍旧非常之大。比如，我们希望拍摄到"高山汉"传统民居的建筑过程，但已经无法实现。乐业邻县凌云县的祝传杰先生编印的《广西凌云县汉族婚姻 建房传统礼仪》（非公开出版物）中记载，"高山汉"传统民居建筑的传统礼仪包括祭鲁班、起扇（立柱）、敕梁、开梁、钉梁、点梁、缠梁、上梁、踩梁、抛梁、进财等仪式。我们还能拍到传统建筑的照片，但这种建房的方式已经无法寻觅踪迹，在我们反复的询问中，得到的回答都是"现在谁还起这样的房子？"。根据记载，"高山汉"的婚礼过程非常复杂。祝传杰先生这本小册子所记载的"高山汉"传统婚礼包括求亲、烧香、讨庚、迎亲、下彩、回门、发轿、撒凳、摆礼、哭嫁、交接陪嫁彩礼、发亲、谢驾、夜宴等，每个环节还有繁复的仪式。不过如今，这些环节已大为精简，因此这样完整的婚礼仪式，我们仅能在资料里见到、在人们的口中听到了。再如，根据老人的描述，春节前会有"掸尘"的活动，但现在也已经不再进行了。再比如游戏，孩子们已经不会玩"抛子"，好在课题组中的郑敬文，还会这种传统的游戏。当然，孩子们也在创新。他们从电视真人秀里看到"撕名牌"的游戏，也自行模仿设计出了"撕名牌"的游戏。

搜集素材的过程艰难而有趣。在每一个村庄，我们端着相机，从屋子旮旯里挖出"吹火筒""猪潲瓢瓜""擦子"，倾听"高山汉"对各种习俗、典故的讲述，在人们惊讶的目光中，我们拍下一张张我们认为极为珍贵的照片。"高山汉"居住的地方地形复杂，其田地形式比别的地方更为多样。除了南方常见的水量充分的"饱水田"，还有"干水田""梯子田""台台土""坨土""崖窠上""坡坡土"。乐业完整地保留着这些不同类型的田地，也保存着"高山汉"当年不远千里迁徙来到此地后向贫瘠的土地求生存的智慧和勇气。我们的相机和摄像机也如实地对它们进行了记录。相对的，丰富多彩的农事活动的拍摄却要困难得多，不同季节、不同田地形式，耕作方式都会有显著的差异。我们必须在不同的时间，根据不同的目的，前往有可能拍到有价值、有意义的照片的地方。幸运的是，我们的相机确实记录下了一系列精彩的瞬间。

"高山汉"长期与别的族群比邻而居，有的村寨甚至是多民族杂居，加之各种文化形式的影响，他们的风俗已发生了明显的变化。比如，他们也吃"花糯饭"，这显然直接来自壮族极具特色的五色糯米饭；他们喜食各种各样的酸食品，也很可能是受到壮族的影响；他们制作白斩鸡、白斩鸭，是受了粤文化的影响……但他们的腊肉、腊肠，其风味还是那么纯正！

"中国语言文化典藏·乐业"拍摄工作历时两年，其中的艰辛、苦涩、欢乐、甜美，没有亲身经历过，是难以体会的。这个调查手记仅仅记录了这一过程中的一些片段，更多的人和事则将长存在我们的记忆里。我们用这样一段时间，做了这样一些事，有了这样一点成果。如果我们这些微小的努力，能为抢救珍贵的语言文化起到一些微小的作用，能动员和鼓励更多的人投入这样一个极有意义的事情当中，我们便很满足了！

乐业县志编纂委员会 2002《乐业县志》，广西人民出版社。

吕嵩崧 2010《凌云加尤高山汉话研究》，广西师范大学硕士学位论文。

吕嵩崧 2016《桂西高山汉话研究》，中国社会科学出版社。

吴和培，罗志发，黄家信 1999《族群岛：浪平高山汉探秘》，广西民族出版社。

《中国戏曲音乐集成》全国编辑委员会 1997《中国戏曲音乐集成·广西卷》，中国 ISBN 中心。

中国戏曲志编辑委员会 1995《中国戏曲志·广西卷》，中国 ISBN 中心。

祝传杰收集整理《广西凌云汉族婚姻 建房传统礼仪》（未刊）。

索引

1. 索引收录本书"壹"至"捌"部分的所有条目，按条目音序排列。"玖"里的内容不收入索引。

2. 条目首字如是《现代汉语词典》（第7版）未收的字、方框"□"，统一归入"其他"类，列在索引最后，并标出整个词的音。

3. 条目中如有方框，在后面标出整个词的音。

4. 每条索引后面的数字为条目所在正文的页码。

中国语言文化典藏

中国语言文化典藏

乐
业

索
引

中国语言文化典藏

书稿即将完成，刚接到任务时的情景恍如昨日。而此时，不能忘却的是两年里无数个假日，无数与本课题有关的人和事。

我们不能忘记为这个项目做出了大量努力的郑敬文的丈夫黄意凌，以及她的兄长、姐姐、女儿等家人，还有她所在村子的父老乡亲、可爱的儿童，听说我到村里调查特意赶来敬酒的曾经的发音人小郑；不能忘记引我们去拍摄最美"高山汉"村寨的李国俊的表兄弟，他们陪我们在村里寻找石缸和各种已不常使用的器具；不能忘记帮我们联系丧葬、婚礼活动拍摄的友人王国铸和一直给予我帮助的我的学生席秋兰；不能忘记找来朋友，为我们表演极富"高山汉"特色的划拳的我的学生冉茂进；不能忘记虽远在外地，却通过各种方式不遗余力给予我帮助的学弟杨长忠……

我们要感谢课题的发音人周长轮大哥，这位思维敏捷的"高山汉"汉子，满腹才华、出口成歌，为我们尽情展现了"高山汉"曲艺、山歌文化的精髓。

不能忘记的人还有很多，比如参与了调查、音视频采录、语料整理的郝鹏飞、李秀华、刘立峰、李兴余、余茵、陈丽荣等同事，以及我的学生罗永腾、陆世初、杨光、唐艺丹。还有许多帮助过我们的人，我们无法一一列举，真心地感谢你们！

这样的人和事很多很多。很多时候，本就是乐业人的李国俊利用过年过节的机会回到家中，他的父母，两位十分疼爱儿子、理解儿子事业和这个项目意义的老人，主动承担了许许多多材料收集、核对的任务。

行文至此，"中国语言文化典藏·乐业"项目也接近尾声了。遗憾的是，我的父亲，这位总是对我寄予厚望，一直在背后关心支持我，对我常常节假日不能与他共享天伦却始终给予巨大理解的人，还没能看到这个项目的成果，就遽然离开了人世。还有我的母亲，这位伟大的女性，从满头乌发到头发花白，对儿子的鼓励始终如一，对儿子向自己表达的亏欠始终宽容，对儿子每次说"明天去乐业"都始终无条件地支持。

我非常感谢曹志耘教授及他带领的"中国语言文化典藏"课题组、广东外语外贸大学杨慧君老师给予的宝贵机会和耐心指导，以及严修鸿老师的热心帮助，让我有机会加入典藏研究的团队，结识各调查点那么多出色的老师同学。每次与大家讨论，都让我受益匪浅。初稿形成后，经历了出版社三审、编委会多次审读和反反复复、难以计数的修改，王莉宁、郭辉、郑佐之等多位老师以及外审专家给予了大量中肯、宝贵的意见，书稿的每一个字都凝聚了他们的心血。

项目接近尾声，心中惴惴更甚。只希望我们这份不成熟的书稿能起到抛砖引玉的作用，进一步推动语言民俗的保护和研究，但愿！

吕嵩崧

2018 年 3 月 28 日于百色芒果花香四溢时
修改于 2022 年百色抗疫胜利之日

图书在版编目（CIP）数据

中国语言文化典藏. 乐业 / 曹志耘，王莉宁，李锦芳主编；
吕嵩崧等著. —北京：商务印书馆，2022
ISBN 978-7-100-21388-2

Ⅰ. ①中… Ⅱ. ①曹… ②王… ③李… ④吕… Ⅲ. ①西南
官话—方言研究—乐业县 Ⅳ. ① H17

中国版本图书馆 CIP 数据核字（2022）第 118003 号

中国语言文化典藏·乐业

曹志耘 王莉宁 李锦芳 主编
吕嵩崧 李国俊 滕韧 郑敬文 著

————————————————

商务印书馆出版
（北京王府井大街 36 号 邮政编码 100710）
商务印书馆发行
南京爱德印刷有限公司印刷
ISBN 978-7-100-21388-2

————————————————

2022 年 9 月第 1 版
2022 年 9 月第 1 次印刷
开本：787×1092 1/16
印张：21¼

定价：280.00 元